インサイトブースト

営戦略の効果を底上げする
ランドデザインの基本

下總良則

ローソンPBのパッケージデザインは「失敗」だった？

2020年春、コンビニ大手のローソンが、プライベートブランド（以下、PB）のパッケージデザインを大幅に刷新した。当時、ずいぶんと話題になっていたので、記憶に残っている方も少なくないだろう。

著名なデザイナーがブランディングからデザインまでを担当したその刷新は、いろんな意味で大きな話題を呼んだ。雑貨を連想させるそのパッケージは、2020年5月7日の「AXIS web magazine」によると、「パッケージは従来のような大きな商品写真ではなく、優しい印象のフォントを使い、中身や原材料などがそれとなくわかるような手描きのイラストをパターン状にあしらうことで、女性層でも手に取りやすい柔らかな表現を目指した」とのこと。

ローソンの発表では実際に売上も伸びたとのことで、一定の成果は出たのだろうと想像できる。実際に、おしゃれだし、缶ビールなどは一見するとビールのパッケージには見えないために手に取りやすい、といった友好的な意見も見受けられた。しかし一方で、「ほかとの差異が分かりづらくて商品を間違えて買ってしまった」「ユニバーサルデザインの観点から、視認性が良くない」といったネガティブな意見も多く聞こえた。

当時、さまざまな視点から意見が飛び交っていたが、「それがなぜ良くないのか？」という、根本的な問題点に対する意見は見かけなかったように思う。では何がネガティブな印象をもたらしてしまう原因だったのだろうか。

本書で伝えていきたい最も重要なテーマは「無意識のインサイト」だ。喉が渇いたから水が飲みたい。おなかがすいたからご飯を食べたい。インサイトとは、そうした欲求を満たそうとする願望のことを指す。もっと厳密にいうと、「気づくことが難しい、経営戦略策定において重要なインサイト――「自分ではまったく、もしくはほとんど気づいていないか、あるいはうまく説明ができないような思考プロセスであるものの、その結果として、消費者行動の源泉となっているその深層心理」と私は定義している――が、ローソンPBの例のように、良いのか悪いのか、根本的な問題がなんなのかが分からずに発生してしまっているブランディングやデザインの問題を解決する可能性を大いに秘めていると考えた。

「いいんじゃないかな」という意見も、「良くない」という意見も多く見受けられ、成功したのか失敗だったのかいまひとつ評価が難しい結果となってしまったローソンPBの事例はまさに、「自分ではまったく、もしくはほとんど気づいていないか、あるいはうまく説明ができないような思考プロセスであるものの、その結果として、消費者の行動の源泉となっている心理」の果てに起きてしまった出来事の最たる例であったと言えるだろう。

そもそもなぜ、「気づくことが難しい、経営戦略策定において重要なインサイト」をつかむ必要があるのか？　実は、ローソンPBの事例もそうであったように、この重要性を理解していないがために、日本が発表したデザイン経営宣言でいうところの、デザインが貢献することができるとするブランディングやイノベーションにおいて、そこで成されたデザインが失敗する理由、成功する理由が分からない、という事態が起きている。これは、デザインやブランディングのプロセスが、理解不能なブラックボックスにされてしまっている、ということが発生し続けているせいではないかと考えている。

本書では、この課題・問題点を克服するために有効な「インサイトブースト」という手法を用いて、デザイン経営をする必要性を解説していく。「インサイトブースト」の観点から、このローソンの事例はどう読み解くことができるのか。皆さんであれば、当時のローソンPBのパッケージに潜む「気づくことが難しい、経営戦略策定において重要なインサイト」に、何が存在していたと思われるだろう。ぜひまずは一時の間「何があったのだろうか」と考えてみてから、以降を読み進めていただきたい。

つかみ取った無意識のインサイトが経営戦略をブーストする

さて、後述するインサイトブーストのプロセスで行ったユーザーに対してのインタビューから、私がつかみ取ったインサイトの要点をかいつまんで書くと、ローソンPBのパッケージに対して、

「選択の余地がないという感じが好きじゃない」

「選択のための情報が足りない。むしろ、提示しようともしていないように感じる」

というネガティブな心理が、インタビュイーの比較的表層に存在していた。なぜそう感じるのか。さらに深掘りしていくと、

「商品を選ぶ時間を短くしてほしいのに、その商品がなんなのかを理解する労力と時間がかかる。加えて産地や原料、種類といった、商品を正確に判断することにはさらに労力と時間がかかることが不満」

といった心理が深層にあり、このほかにも、ローソンのPB商品パッケージに限った話にとどまらず、そもそも商品のパッケージに対して常日頃感じていることとして、

「中身の充実度合いを強調したパッケージを見て選んで購入した商品だった場合、その中身がパッケージのデザインに伴っていないとがっかりする」

といった心理も発見することができた。さらに探ると、その理由の帰属先として、

「パッケージは表現が誇張されているのが前提で、選ぶ側もその印象に『だまされた

くない』と疑ってパッケージを見ている。そんな中で、そもそも中身がなんなのか分からないものは選ばない」

「選ぶ商品の中身が、例えば『成分無調整牛乳』といったような『成分＝商品名』であること以上に、品質と量と価格、そしてそれ相応の中身であってほしい。損せず失敗せず、お金を無駄にしない、良いものを選びたい」

という、消費者の深層心理に潜んでいた「気づくことが難しい、経営戦略策定において重要なインサイト」を得られている。ひと言でいうなれば、私が結論づける、この問題の根底にある心理は、「一見するとおしゃれなパッケージにだまされないぞ」というネガティブなインサイトだ。

インサイトブーストで扱う「インサイト」は、気づくことが難しいものではあるが、経営戦略を立案する上で非常に重

ローソンPBのパッケージについて、インサイトブーストのプロセスに沿って行ったインタビューの詳細

※指でのピンチイン／アウトで拡大縮小はせず、ズームツールから拡大してご覧いただきたい。

要となる。そのインサイトをつかみ取った上でアイデア展開をし、本質的な問題を解決するためのアイデアを縦横無尽に展開する手法こそが「インサイトブースト」——「つかみ取ったインサイトが経営戦略をブーストする」という意味を込めて、そう名付けた手法だ。

先述したように、インサイトとは満たせない欲求を満たそうとする願望だ。星の数ほど存在するであろうインサイトの中から、重要なものだけをつかみ取るためには、2つの難所が存在すると考えている。1つは、そもそもターゲット自身も気づいていない深層心理に潜むインサイトを、どうやってつかみ取るのか。もう1つは、得られた多くのインサイトの中から自分たちにとって重要なインサイトであるかをどう断定し、選び取ることができるか、という点だ。

本書ではこれらの点を解説しながら、今までデザインに触れたことがない方にも分かりやすく、このインサイトブーストをご紹介していきたいと思う。この本を読んだ後に、今まで縁遠く、難しく、とっつきにくい存在であったデザイン経営が、自分にもできるのだという実感を伴って身近な存在であると理解することができ、読者の皆さんが、具体的に取り組めるようになれたら幸いだ。

CONTENTS

1章

なぜ今、デザイン経営が必要とされるのか

序章で触れてきた「インサイトブースト」についてお伝えする前に、なぜ今デザイン経営が大切とされ、経営にデザインが必要といわれるようになったのか、改めて説明していきたいと思う。

そもそも論ではあるが、「経営にデザインが必要」といっているのは、経済産業省と特許庁、つまり、国の機関だ。2018年5月、経済産業省と特許庁が共同で「デザイン経営」宣言という宣言をしたことが、その潮目になっている。ここでポイントとなる1つに、デザイン思考がある。デザイン経営宣言に関連する「高度デザイン人材育成ガイドライン」の中で、デザイン思考のアプローチは「これからのデザイン人材には必須のものである」と書かれている。

デザイン思考に関する本は、すでにたくさん出版されているので、その詳細はそちらに委ねたいと思うが、デザイン経営宣言の中では、デザイン思考を使い、デザインの力を経営に役立てると2つの効能がある、と記されている。

その1つが、ブランディング構築に資するということ。もう1つが、イノベーション創発に資するということだ。この2つの効能をもって、企業の産業競争力の向上に寄与することができる、としている。

こちらについても詳細は後ほど記載したいが、長らく、デザインはブランディングに貢献してきた歴史をもつ。デザインとブランディングはある意味で、切っても切り離せない関係性にある。

一方で、イノベーションに資する、とはどういうことか？　なぜデザインはイノベーション創発に貢献できるのかを詳しく伝えたい。

私の理解では、そもそもデザイン思考、デザイン経営におけるデザインとは、もちろんデザインのことを指しているが、粒度をより小さく焦点を絞ると、「システムデザイン」のことを指している。システムデザインとは、システムエンジニアリングの概念をデザインに取り入れた考え方のことを指す。

システムデザインの元となっている、システムエンジニアリングの代表例は、1960年代から始まったアポロ計画だ。かつて、冷戦時代に宇宙開発を競った旧ソ連とアメリカが、その技術力を競い合っていた。当初、優位に進めていたのは旧ソ連だ。地球上の生命を宇宙空間に最初に打ち上げたのは旧ソ連で、人類初の人工衛星である「スプートニク」の2号がそれである。アメリカは宇宙開発において遅れを取っていたが、時の大統領、J・F・ケネディ大統領が、1960年代が終わる前に宇宙飛行士を月面に送り、彼らを無事に帰還させると宣言した。

このアポロ計画の発表は、技術的に旧ソ連に遅れを取っていたアメリカにとっては、未知の領域を開発することと同義であったといえる。大統領は、「期限までに、月面に宇宙飛行士を着陸させて、安全に地球へ帰還させる」とは言うものの、世界でまだ誰も月に行ったことがなく、むしろアメリカからは宇宙空間に出た人もいない状態。宇宙で人が生きるための服はどうしなければならないのか？　地球と月を人が往復するためには、どんなロケットにどんなエンジンを搭載しなければならないのか？　地球と月とで通信するためには、何を準備しなければならないのか？　などなど、さまざまなことを研究する必要が出てきた。

「期限までに、月面に宇宙飛行士を着陸させて、安全に地球へ帰還させる」という目指すべき目標が1つに定められた時、これまでそれぞれが個別に研究してきた多くの概念が、学際的に分野が越境され、領域を拡大していった。単純に、自分たちの研究領域だけに身を置いていたのでは、定められた期限までに目標を達成することが困難であったためだ。1つのミッションの下、これを実現するために各研究領域が自分たちの領域を越境していったことにより、電子工学、遠隔通信をはじめ、さまざまな分野が、これまでとは比較にならないほどの飛躍的な発展を短期間で実現したのだ。このアポロ計画で行われていたことは、イノベーションそのものだった。

イノベーションの和訳は、「変革」や「改革」といわれることがあったが、そこには誤解がある。イノベーションの提唱者であるヨーゼフ・シュンペーター氏は、「イノベーションはニューコンビネーションである」と定義している。もう少し詳しくいうと、すでに世の中に存在する2つの概念が、今まで出会ったことのない形で出会うことがニューコンビネーション、つまり、イノベーションの定義なのだ。アポロ計画では、各研究分野が越境し、既知の概念がこれまでに出会ったことのない形で出会ったことで飛躍的な発展を遂げ、最大のミッションである「期限までに、月面に宇宙飛行士を着陸させて、安全に地球へ帰還させる」を実現した。システムデザインとは、このイノベーションの概念をデザインという領域に持ち込んだもので、いうなれば、イノベーションをデザインするのがシステムデザインであるといっていい。

先述したデザイン経営宣言にある通り、デザイン経営やデザイン思考の効果として、「デザインはイノベーションに資することができる」という理由は、システムデザインのプロセスそのものが、イノベーションをデザインするものであるために、至極当然といえば当然なことをいっている。

なお、なぜシステムエンジニアリングと呼ぶのか、ということについては、「期限までに、月面に宇宙飛行士を着陸させて、安全に地球へ帰還させる」というミッションをなし遂げる組織を、1つのシステムに見立てているからだ。「システム」とは、その特性上、なんらかの目的を達成するために存在するといわれていて、果たすべき目的を持っていないシステムは存在しない。大きなミッションを成し遂げる組織＝システムそのものであると考えた時、この中には、内包される小さなシステムが存在する。これをサブシステムと呼び、企業組織であれば各事業部や各課といったセクションに相当するが、先述のアポロ計画でいうところの、電子工学、遠隔通信をはじめとした各研究領域がそれに相当する。なんのために存在するかというと、全ては、果たすべき1つのミッションを達成するため、である。

そして、システムエンジニアリングの概念がデザイン領域に持ち込まれ、「イノベーションをデザインする」とされる時、もう1つ、配慮すべきことが存在する。システムを「組織」と捉え、サブシステムを「組織内の各事業」とするならば、組織や各事業で働く人材が最大限のパフォーマンスを発揮するために、組織内のスタッフの意思統一を図る必要が出てくる。組織として誰を採用するか、採用したらどこに配置するか、成果をどう評価し、与えるインセンティブをどう考えるか？　さらに成長してもらうために、どう育成するのか。イノベーションをデザインするためには、この、経営資源としての人の在り方、つまりヒューマンリソースの在り方をデザインする必要がある。組織として果たそうとするミッションを北極星に例え、関係者の誰がどこにいても、そこにあって見つけやすく、目指すことのできる存在。組織が持てるリソースの全てをこの北極星に向け、前述の採用から始まって育成までのサイクルを考えるヒューマンリソースをデザインする、ということ。これはつまり、インナーブランディングを指す。

デザイン経営の効果をいま一度、思い出していただきたい。デザイン経営においてデザインは、ブランディングに資することと、イノベーションに資することができるといっている。この2つの概念に資することで、企業の産業競争力の向上に寄与する、というのが、デザイン経営宣言がいうところの、「デザイン経営の役割」である。

ブランディングと聞くと、企業・組織の外に向けて発信されるものだという意識を持たれる方も多いと思う。しかし、もう一方向である、企業・組織の内に向けて発信されるインナーブランディングが存在し、両方をもってして「ブランディング」は完成する。

なぜイノベーションに資することができるかという話は、アポロ計画の事例で説明した通りだが、システムデザインを行う上で必ず考えなければならないのは組織のヒューマンリソースをデザインすること、つまりインナーブランディングだ。ブランディングは企業・組織の外に向けた点も考慮しなければならないので、インナーブランディングのみで全てを語れるわけではないが、デザイン経営が実現しようとしているイノベーションとブランディングの両側面を細かく見てみると、そこには、システムエンジニアリングとシステムデザインの概念が存在していることに気づいてもらえると思う。

そう考えた時、デザイン経営がなぜイノベーションとブランディングに資することができるのか、と問えば、ここでいうデザイン（＝システムエンジニアリングの流れをくむシステムデザイン）とは、そもそも、イノベーションをデザインするものであったし、ヒューマンリソースをデザインするインナーブランディングへの配慮が必要となることが理由である。デザインの歴史をひもといてそう考えてみると、デザイン経営は何をデザインするのか？　まったく理解できなかった存在から、ぐっと身近な存在になるのではないだろうか。

余談だが、野心的なイノベーションを「ムーンショット型イノベーション」と呼ぶが、これもまた、アポロ計画に端を発している。

注意して扱いたい「デザイン経営」

ここで少し、ビジネスの側から見たデザイン経営にも触れておきたい。経営にデザインが必要とされる「デザイン経営」の発端は、これまでにもお伝えしてきた通り、日本の経済産業省と特許庁による共同宣言にさかのぼる。インターネットでデザイン経営宣言と検索すると上位に出てくるので詳細はそちらを見ていただきたいが、この中で私がポイントと考える成果がある。

まずは、次の図を見てほしい。

米国の事例で、デザインを重視する企業の平均株価が一般より2.1倍上回る

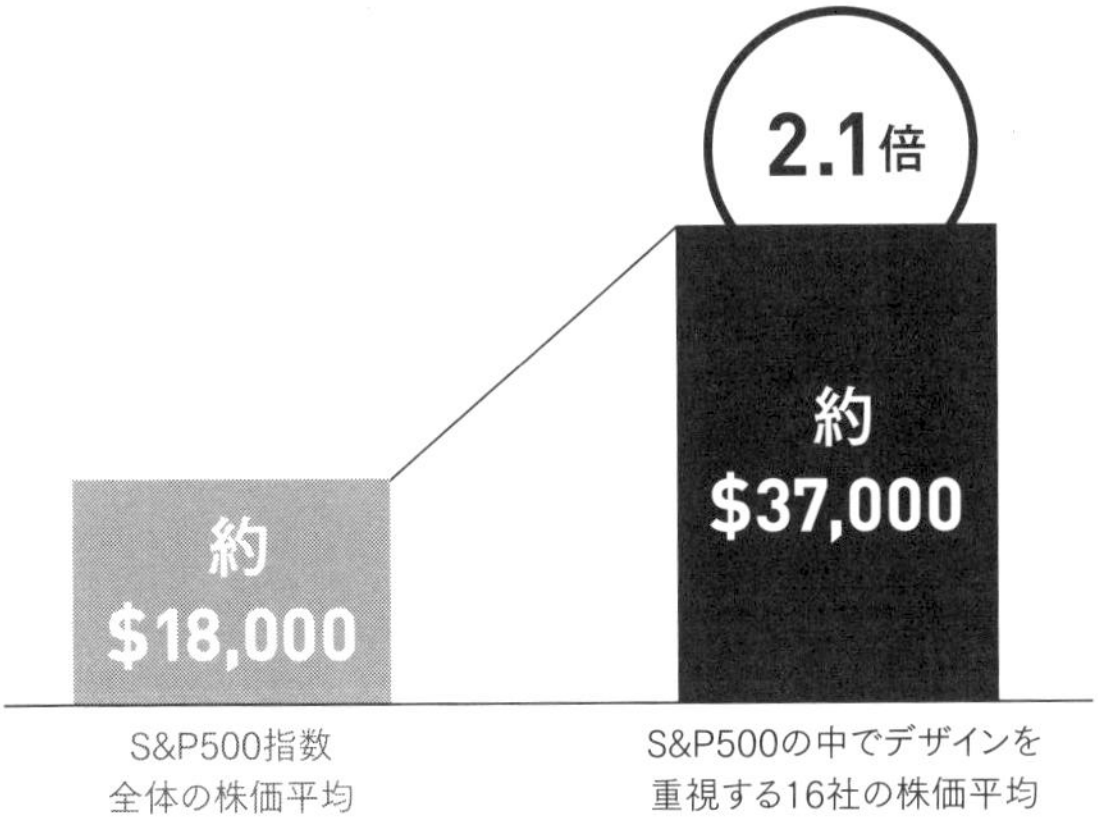

DESIGN - CENTRIC COMPANIES

APPLE	SAP
COCA-COLA	STARBUCKS
FORD	STARWOOD
HERMAN-MILLER	STANLEY BLACK & DECKER
IBM	STEELCASE
INTUIT	TARGET
NIKE	WALT DISNEY
P&G	WHIRLPOOL

出典：経産省「デザイン経営宣言」および Design Management Institute “What business needs now is design. What design needs now is making it about business.” より、デザイン経営研究所が作成

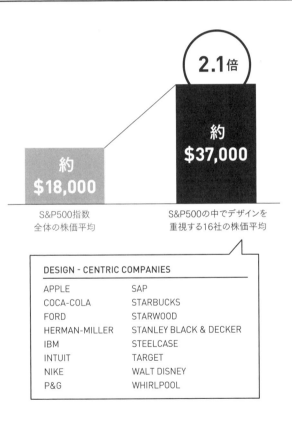

英国の事例で、デザインへの投資額は
4倍以上の営業利益となる

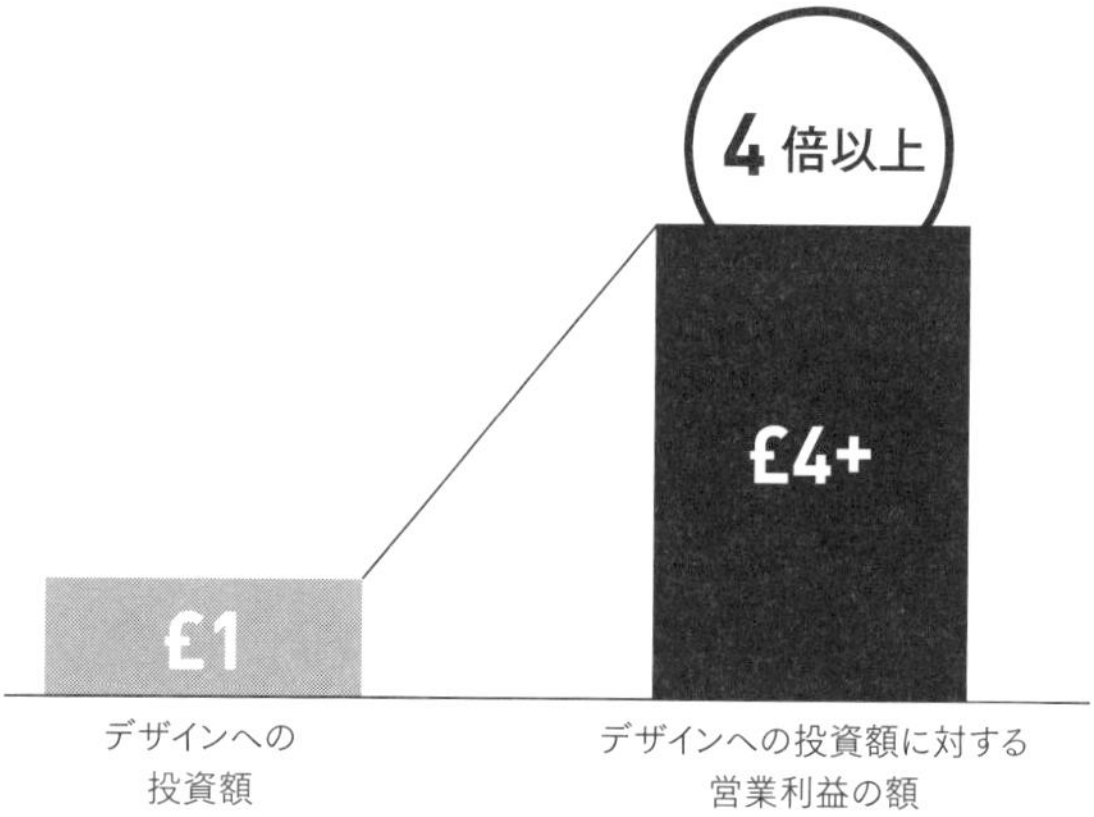

出典：経産省「デザイン経営宣言」および British Design Council
“Design Delivers for Business Report 2012”より、デザイン経営研究所が作成

ここで示されている「デザインを重視する企業」とは、どの企業を指すか、ご存じだろうか。リストの通り、デザインを経営の中心に据えている会社として16社が挙げられているが、デザインを重視しない企業の株価平均が約1万8000ドルであるのに対して、デザインを重視する企業16社の株価平均は約3万7000ドルであるという。

デザイン経営宣言の参考とされた、デザインを経営に取り入れて成果を出せている企

業は、実は名だたる大企業がその参考事例として挙げられている。ここでふと、気づくことがある。これらの企業群の中に、日本企業は存在しない。なんなら、デザイン経営宣言の中で、2・1倍の株価成長をしているという項目と同列に、1ポンドをデザインに投資すると4倍の利益となる、という事例もあるが、これもまた日本企業のことではなくイギリスの事例なのである。

また、こう見てみるとこれら16社は確かに有名であり、デザインという概念を大事にしている企業であると同時に大企業でもある。これら企業にとって、デザインがいつから経営の中心にあったのだろうかと考えると、どの企業も、わりと初期段階から取り入れていたのではないかと推察する。なお、これら16社の中になぜマイクロソフト社が入っていないのか。その理由は、出典元の資料を見ると分かる通り、この調査をした団体に出資したのがマイクロソフト社であるためだろうと私は考えている。そう考えると、すでに出来上がった大企業の経営にデザインを取り入れようとすることがいかに困難かが想像できる。不可能とはいわないまでも、それが出来ている企業がなかなか存在しないことが、その難しさを物語っているのではないだろうか。イノベーションを起こそうとする時、企業にとって最大の難関の1つとなるのは、クレイトン・クリステンセン氏の著書のタイトルにもなっている『イノベーションのジレンマ』である。例えば、巨大な優良企業が、スタートアップ企業が取り組むなんらかの新しいイノベーションを前にし、その存在を認知して自分たちも変わろうと組織内から声が出て実際に行動してみるにもかかわらず、その日まで続いているこの安定はこの先の未来にも続くものと捉えてしまい、変わろうとせずに元に戻ろうとする力、である。大きな企業になればなるほど、これを覆すのは簡単なことではない。

そう考えると、近年、デザインという概念を企業や組織の経営に取り入れようとするスタートアップ企業が多く存在しているのも、至極自然な流れなのだ。デザイン経営宣言の参考となったデザインを経営の中枢に据えた企業もまた、今や超大企業とはいえ、その始まりの多くは、スタートアップ企業なのである。デザインを経営に取り入れるというのは、中小企業こそ取り組みやすいのではないかと考える。この最たる事例の1つがAirbnbで、創業からわずか13年ほどで、時価総額10兆円超の企業規模となっている。

ここまでで理解いただきたいのは、デザイン経営自体は日本が世界に遅れを取っていて、先行する欧米の事例を基に、それを追いかけようとするタイムマシン戦略である、ということだ。デザイン経営宣言は日本が発したものであり、日本のデザインは確かにこの宣言を機に盛り上がり、デザイン経営を実践しているという方々もとても増えた。その一方で、デザイン経営宣言の前後で、デザイン経営とはどういうことかを明確に答えることができないデザイン経営の実践者が増えた印象を私は持つ。経営のヒト、モノ、カネの各領域における経営戦略施策と密接に結びつくデザインになり得ているかどうかがこの差を分けるポイントとなるが、日本においてよく見受ける姿は、デザイン経営宣言の前と変わらず、一貫したビジュアルづくりをデザイン経営と言っているケースだ。時代の先端を行っているように思われるデザイン経営であるが、そうではない。この先端を行っているのは、あくまでも欧米なのだ。

なお、タイムマシン戦略とは、海外ではやったものを時間差で自国に持ってくる戦略のことをいう。そもそも、デザインなるものがタイムマシン戦略で日本に持ってこられた概念であることに思いをはせると、この呪縛はなかなか深いものがある。いろんなご意見があろうかと思うが、日本に意識的に「デザイン」を持ち込んだのは、松下電器産業（現・パナソニック／以下、松下電器）の松下幸之助氏である。その時に彼が発した言葉が、「これからはデザインの時代」である。このフレーズを知っている方も多いのではないだろうか。

それにしてもなぜ海外、特にイギリスとアメリカの事例がデザイン経営宣言の参考になっているのか。これは推測でしかないが、デザインの世界の中心は、イギリスのロンドン、アメリカのニューヨーク、フランスのパリがトップ3だからではないか、と考えている。理由は、デザインに投資される額が大きい都市ということだ。なぜこれらの都市においてデザインに投資される額が大きいのかというと、世界における大手広告代理店の本社所在地がそれらの都市である、というのが理由だと考えている。世界最大手のＷＰＰはロンドン、第2位のオムニコムはニューヨーク、第3位のピュブリシスはパリにその本社を置いていて、やはり、ここに集まってくるデザイン案件が大きいと推測する。

なお、日本の上位2社である電通と博報堂も、世界の広告代理店ランキングでは例年、トップ10に入ってくる。電通は長らく世界5位の位置を保っていることから、やはり東京も、世界ランキングのトップ10に入る2社が本社を置く都市であり、世界中からデザインが集まってくる有数の都市になっている。やや古い資料ではあるが、経済産業省発表の「Ⅳデザイン関係統計資料」の中で、2014年における日本全体のデザイン業の年間売上高のうち、約50％が東京に集中し、2位で約15％である大阪府の3倍以上という、ダントツの1位を誇っているデータが出ている。

それともう1つ、企業組織の中にデザインのトップであるCDO（Chief Design Officer）を据えるべき、ということがデザイン経営宣言の中にも盛り込まれていて、これを実践している企業も出てきている。この流れはデザイン界にとっては喜ばしいことではあるが、CDOを組織内に置けば、ある日突然デザイン経営組織になるわけではないことは理解しておきたい。

歴史から読み解く示唆に学ぶデザイン経営

歴史からの示唆1 ―― 社会問題を提示したアパレルブランド「ベネトン」の広告キャンペーン

CDOに委ねた結果、デザイン経営の観点においては手痛い評価を得てしまった企業がある。世界的に知られているアパレルブランド、ベネトン社の事例だ。

ベネトン社といえば、1995年に全世界で8000店舗を持つブランドとなり、かつて、大きな成功を収めたといわれた企業の1つである。その絶頂期、同社デザイン部門のトップには、創業者のルチアーノ・ベネトン氏が就いており、実質、当時のグループ会長兼主任広報担当者であった。その頃発表された一連の広告キャンペーンは、興味があればインターネットを検索いただくと分かりやすいだろう。

そして、Christian Pinson (INSEAD)、Vikas Tibrewala (INSEAD)、Francesca Gee

(INSEAD) の著書『United Colors of Benetton』（１９９６年）から次のことを引用し、これを説明したい。

１９９４年2月、血まみれの戦闘服を写した写真を起用したベネトンの広告が、１１０カ国の看板広告と新聞に登場した。この服は、ボスニアで戦死したクロアチアの兵士のものだった。セルビア・クロアチア語の説明は、次のように記されていた。「私、Gojko Gagroは、１９６４年チルトック州ブリザンチで生まれ、ボスニアで戦死したMarinko Gagroの父です。私は、息子の名前と遺品が平和と戦争反対のために公開されることに同意します。」

この広告はたちまち大騒ぎを引き起こした。『ロサンゼルス・タイムズ』『ル・モンド』『フランクフルター・アルゲマイネ・ツァイトゥンク』各紙などの有力日刊紙はこの写真の掲載を拒否した。フランスでは憤りが頂点に達し、人権省がベネトンの衣料品を買わないように、また「ベネトンを着る者から衣服をはぎとれ」と消費者に強く要請した。いくつかのベネトンの店舗が破壊され、一部の小売店の間に不安感が広がった。

このほかにも、爆破された車、アルバニアの難民、マフィア式の殺人、人骨を持った兵士の写真、家族に囲まれ死を目前にしているエイズ患者、などなどの写真を広告に使い、重大な社会問題について議論を促そうとしたと主張した。当時、ルチアーノ・ベネトン氏が世に発表したこれら一連の広告キャンペーンは、世界中で多くの賞に輝き、多くの賞賛を生み出したが、その一方で、深刻な批判も多く生み出した。

歴史をひもとけば、かつて、企業にデザインのトップを置いていた企業がなかったわけではない。世の中的に、ＣＤＯの存在はもちろん歓迎されることではあるが、デザインの実力や観察眼・審美眼の鋭さに加えて、その人材が人間性、倫理観も持ち合わせていることが非常に重要となってくる。

デザインが貢献できるとされる「ブランディングに資する」という側面に照らし合わせて考えると、ブランディングの目的は、そのブランドのファンをつくることにある。ここで指すファンの中でも、特に[※1]ＳＩＰＳモデルがいうところのエバンジェリスト（伝道者）のような存在に近ければなお理想である。エバンジェリストの定義の中には、こちら側が特段、何かをお願いしなくとも、そのブランドのために時間を割いてくれる比率が多いこと、つまり、可処分時間が多いことが条件にある。売上の増加は、ファンが多くなれば必然的に伴ってくる結果であるが、ＣＤＯに人間性や倫理観が伴わず、自分たちが掲げる理念が力強い正義として他者への配慮を欠いたデザインのアウトプットになってしまうと、プロモーションに資金を投入してファンを増やすどころか、資金を投入して嫌われる結果となる。こうなってしまうと、デザインワークそのものが本末転倒になってしまう。

このベネトン社の過去事例から、現在の私たちに引き寄せられる学びは何か。ＣＤＯとは、当たり前のことながら経営メンバーの一角となる存在である。ポジションのパワーが人の人格を変えてしまうことはよく見かけることであるが、この経営メンバーのひとりになるという、ポジションのパワーを正しく使う人間性、倫理観がそもそもその人に備わっているだろうか？　ここで、デザインの実力があるのは当然求められることであるが、世間で有名だから、という理由のみでＣＤＯを選んではいないだろうか？

CDOという存在は、経営者の皆さんにとって、また、経営者ではなくともデザイン部門に関わるノンデザイナーの方々にとって、非言語の世界を通訳し、真善美を判断できるデザイン人材を採用することが必要になってくる。経営者の皆さんの言語化のすごさは日々、感じるところではあるが、言語化された世界が存在する一方で、非言語であるノンバーバルの世界が存在する。もしも真善美を判断できるデザイン人材を組織のCDOに据え置くことができたのならば、経営者の方々にとって、今まで分からなかったこの非言語の世界を見通す、組織経営の目になってくれる。

先述した通り、デザイン経営の専門家という人材は、2018年のデザイン経営宣言以降、世の中に非常に多く現れた。ここで大事なのは、デザイン×経営学の素養を持つデザイン人材を見極める力が、経営者の方々はじめ、ノンデザイナーの方々にも必要となってくるということだ。

忘れないでいただきたいことは、デザインには、人を喜ばせる表現は許されても、人を傷つける表現は許されない。自分たちが声を上げて理想とし、世の中に発するデザインが、どこかで誰かを怒らせていたり、哀しませていたり、そのしわ寄せを背負わせているとするならば、私たちデザイナーの世界では、それはデザインとは呼ばない。

（※1）SIPSモデル
「Sympathize：共感する」→「Identify：確認する」→「Participate：参加する」→「Share & Spread：共有・拡散する」の頭文字をとったもので、ソーシャルメディアに対応した購買行動モデルの1つを指す。

歴史からの示唆2 ――「松下電器産業」のパーパス

昨今、「パーパス」という言葉をよく聞くようになった。ミッションやビジョンとも似た言葉であるが、ミッションは自社が社会に対して果たす使命、ビジョンは自社のなりたい姿であるのに対して、パーパスは社会貢献の観点が盛り込まれているものを指す。ＳＤＧｓの観点からも、多くの企業がパーパスを定めるようになった印象を受ける。パーパスを定めることは意義深く、なんら反対・否定するものではないが、しかし本当に、パーパスを定めることは疑いもなく無条件に「是」とすべきことなのであろうか？　1つ、この分野の歴史から、誰もが知っているであろう松下電器の歴史を、ハーバード・ビジネス・スクールのMichael Y. Yoshino、Yukihiko Endoが著者である『Transformation of Matsushita Electric Industrial Co., Ltd. 2005』を、『ケース・スタディ　日本企業事例集』（２０１０年）から引用し、説明したい。

20世紀の企業としては世界最大級の成功事例となった松下電器（現・パナソニック）の種を蒔いたのは、松下幸之助である。１９１７年、幸之助は会社を辞めて１００円近くの自費（一概に比較できないが、大正時代の小学校教員の初任給が50円程度、１円は４０００円程度の価値といわれており、現在の価値に換算すると約40万円程度となる）を元に独立。翌１９１８年、23歳で妻、義弟と共に2階建ての借家で、取り外し可能な電球ソケットの生産を開始した。より良い商品を製作しできるだけ安く販売することを追求した幸之助の事業は、二股ソケット、バッテリー仕様の自転車灯、電気アイロン、ラジオへと拡大していった。幸之助は、事業を支えるのは人材であるとして従業員をきわめて大切に扱い、１９２９年の大恐慌のときでも社員のレイオフを極力避けた。

幸之助が94歳で天寿を全うした１９８９年には、彼が創設した松下電器は、社員19万人以上、年間売り上げ5兆５０００億円、営業利益４２００億円の世界最大の家庭用電化製品のメーカーとなっていた。

そんな松下電器について伝える上で、忘れてはならない2つの概念がある。「水道哲学」と「共存共栄の理念」だ。これも同じく引用すると、

「産業人の使命は、貧乏の克服である。そのためには、物資の生産に次ぐ生産をもって、富を増大しなければならない」

「産業人の使命は水道の水のごとく、物資を無尽蔵たらしめ、無代に等しい価格で提供することにある。それによって、人生に幸福をもたらし、この世に楽土を建設することができるのである。松下電器の使命もまたその点にある」

というのが「水道哲学」であり、つまるところ、松下電器の「大量生産・販売戦略」の中心を成すものである。そして「共存共栄の理念」とは、松下電器の戦略の核となった、独立小売店からなる連盟店制度の根幹を成す理念で、拡大する製品群を流通させた「小売り流通網」がそれに当たる。最近はあまり見かけなくなったが、皆さんがお住まいの町にある、パナソニックの店をイメージできるだろうか。パナソニックの店になる前はナショナルショップという名称だったが、ここでいう「拡大する製品群を

流通させる小売り流通網」とはまさに、これら日本全国のナショナルショップから成る小売り流通網のことを指していた。つまり、アマゾンどころか、ビックカメラやヨドバシカメラもまだ存在しなかった時代に、松下電器の製品を売っているナショナルショップの流通網・販売網が日本の町の至る所に張り巡らされていた、ということである。

この、日本の津々浦々の小さな町にまで存在した松下電器のナショナルショップがどうやって増えていったかという根幹に、この「共存共栄の理念」が存在する。日本の卸売業や小売業のほとんどが町の小規模店から成り、個々の資本としては乏しかった当時、松下氏は、よりすぐった小売り店主に特典と援助を与え、信頼し合った当事者間の平等なパートナーシップを築いていった。

これら、「水道哲学」と「共存共栄の理念」を念頭に置いた上で、話題をパーパスブランディングに戻したい。ここで、松下電器の綱領・信条と、当時の様子を引用すると、

綱領
産業人たるの本分に徹し　社会生活の改善と向上を図り
世界文化の進展に寄与せんことを期す

信条
向上発展は各員の和親協力を得るに非ざれば得難し
各員至誠を旨とし一致団結社務に服すること

「松下電器の遵奉すべき精神」は、綱領・信条と共に松下電器の基本理念となってそのカルチャーを形作り、その後大きな決定を下す際の判断材料となった。幸之助はさまざまな手段を通してこれらの原則を社員に教え込んでいく。全工場で毎日短時間行われる朝会は、社員に会社のカルチャーと精神について教える場として重要な役割を果たした。社員は毎朝社歌を歌い、七精神を唱和し、日々の仕事に対する所感などを順番に発表しあった。

とある。ここまで、皆さんはどう感じただろうか。松下電器の理念の根幹を成す「水道哲学」と「共存共栄の理念」は、創業者の松下氏が唱えたもので、パーパスとしては相当に強烈なものがある。社会貢献の観点でも語られ、結果、ネットワーク化された独立小売店はピーク時で2万6000店、1989年時点での社員数が19万人以上にまでのぼっており、それこそ、パーパスの意義を理解する観点からは、代表事例といえるのではないかと思われる。しかし、この後の歴史が、パーパス制定において注意しなければならない重要な点を示唆している。

このピークを迎えた直後、つまり、松下氏が天寿をまっとうした後にどうなったかというと、先述の通り、ピーク時には4200億円あった営業利益は、2002年3月期に創業以来最大となる営業損失1990億円を計上し、純損失が4280億円となった。かつては、松下電器の売上に大きく貢献していた独立小型店から成る小売り流通網も、大規模な小売りチェーンが成長し、これに替わる大きな販路となったことで大きく減少した。

大型チェーンに対抗して自店の特色を打ち出し、懸命な努力を積み重ねる店がある一方で、実績の上がらない小売店を中心に、松下電器に対して不健全に依存している実態もあった。この時、何がこの問題解決を阻む存在になったかというと、創業者である松下氏の理念、「共存共栄の理念」である。創業者が始めたことだから変えられないとの理由で頓挫する変革が多くある中で、「共存共栄の理念」は聖域とされていたために、小売り流通網の変革は困難を極める変革であったことがうかがえる。

ここから得られる示唆は何かといえば、松下電器創業の1918年から現在に至るまで、外部環境、つまり、世の中は相当に激動しているが、世の中の変化に合わせて変わらないことを選ぶ人もおり、これが会社組織への不健全な依存となって変革の足かせとなり、企業業績の悪化の原因となってしまったということだ。パーパスが聖域とされた時、これを変化させることは非常に困難を伴う、という最たる事例といえるだろう。

今、世界が変化していくスピードは非常に速い。昨日まではベストだったことが、明日、もしくは今日この時点でベストではなくなると指摘されるようになって久しいが、組織も人も、日々変化し続けていかなければ生きてはいけなくなっている。組織が定めるミッション、ビジョン、バリュー、そしてパーパスは、世界が変化していくスピードが想像以上に速いものであるという前提の下、かつ、この変化に柔軟に対応できるものでなければ時として非常に危険なものになり得るのだ。

社内・組織内に向けたインナーブランディングとは

では、デザイン経営で成果が出ている「デザインの打ち手」とはどのようなものなのか。ここからは、私が手がけた制作の中から、どなたにとっても身近に捉えられる案件を例として、成果を出すことができた事例をいくつかご紹介していきたい。

まず、デザイン経営宣言にもある通り、デザインがブランディングに資することができるポイントからお伝えしていこう。この大きな役割の中で、ブランディングの対象として向かう先には、企業・組織の外に向けられるブランディングのほか、企業・

組織の内側に向けられるインナーブランディングも重要となることは先述した。ここでは、このインナーブランディングについて紹介してみたいと思う。

意識していただきたいこととしては、インナーブランディングは「組織経営のどの部分にどのように機能するか」ということである。インナーブランディングは、組織の内に向かって機能するもの、つまり経営学でいうヒト・モノ・カネの中のヒトに機能するものだ。ヒューマンリソース分野、人事分野に当たるということでもある。

デザイナーがインナーブランディングに関する打ち手を講じる時、その施策は、ヒューマンリソース分野のどの部分に作用するのかを具体的にイメージできることが大事になる。ヒト系分野の流れとしては、スタッフを採用するところから始まり、どの部門へ配置するかを考え、そしてその人材の働きぶりを評価し、それに見合った報酬を定め、さらにはその人材を育成し、また配置換えとなる。

ジム・コリンズ氏が著者の『ビジョナリー・カンパニー２ - 飛躍の法則』（２００１年）の中で、組織をバスに例え、誰をバスに乗せるか、という意識がとても大切であるということが述べられている。企業組織にとって人材を採用することはなかなかに経営資源を使うプロセスである。ときに、このサイクルから退職という形で人材が抜けていくこととなるが、優秀な人材を採用したならば、企業としては「退職」という結果となることはなるべく避けたいところだ。

そう考えた際に、企業はどんなアクションを取るべきなのか。採用した人材が輝ける人事的な支援があったらと願うが、企業が行うことができる人材入社後の支援は大きく分けて、配置、評価、報酬、育成の4つだろう。これら分類された支援において、「デザインが貢献できることは何か」を考えることが大切となってくる。

次に紹介する株式会社ｕｎｉｃｏ（以下、ユニコ）のスタッフハンドブックは、4つの支援のうち「育成」の部分に貢献するツールとなることを狙った。

成果を出せた事例1 ――「ユニコ」の社員向けハンドブック

インナーブランディングの事例の1つとして、ユニコの事例をご紹介したい。

ユニコは、障害のある子どもたちの学童事業である放課後等デイサービスならびに、児童発達支援を営み、九州は福岡を中心に、全国へ事業展開している。私は、ユニコの事業が立ち上がって5年目から外部のフリーランスデザイナーとして関わり、主にインナーブランディングの面でお手伝いをしてきた。

ユニコにはほかの企業とは異なる特筆すべき点がある。介護福祉業界のネクストユニコーン企業である株式会社ウェルモの事業として成長してきたことである。この本を書いている2024年時点では、ユニコは株式会社ウェルモからの会社分割によって独立し、運営をスタート。親会社はウェルモから株式会社LITALICO（リタリコ）に移っている。

私がユニコにジョインした当時から、「ACCELERATE YOUR TALENT　子どもたちの可能性を解放する」というタグラインが示す通り、彼らは独自のユニコ哲学を持ち、それが教育メソッドという形に落とし込まれていた。

そうした中で私に依頼されたのは、「スタッフの心を1つに束ねるハンドブックを作りたい」というものだった。ここでは、今でも使われているこのハンドブックについて、事例として紹介していきたいと思う。

依頼を受けて、ユニコの取締役であった濱田諒さん、ご担当者の伊地知悟さんと相談しながら私が提案したのは、社員がいつでも見返すことができ、ミッション、ビジョン、バリューを確認できるもの、といった定番の機能は当然備えている上で、次のような仕様・コンセプトを兼ね備えたものだった。

○スタッフの方が容易に身に着けられるよう、コンパクトなサイズが必須。両観音折の細長のブロシュア（小冊子）とする。

○ハンドブックの中面には、ユニコのメソッドが図として掲載されており、子どもたちに対してどのようにスタッフが向き合うか、具体的には、どのような姿勢で子どもたちにどのような声がけをするか、また、ユニコスタッフがやってはいけないアクションの事例などの詳細を記載する。また、この中面に掲載されている内容は、A1サイズの大判ポスターで各教室のオフィス内に掲示され、スタッフは手元でも見ることができるし、オフィス内でも目に入るようにすることで、いつでも立ち返ることができる理念として定着させる。

○表３の部分には、「私のミッションステートメント」をスタッフ自身が手書きで記入する欄を設ける。ハンドブックの中面から、ユニコの理念や具体的な日々のアクションの事例を理解した上で、スタッフ自身はユニコの理念をどう実現していくのか、自分事に引き寄せ、自分の言葉でこれを記入する。

○「私のミッションステートメント」を書く機会は年に一度、つまり、このスタッフハンドブックは、1年に1冊、年度を更新したものがスタッフに配られる。勤務年数を重ねるごとに、自分なりのミッションステートメントは新たな視座・視点を得て変化していくとともに、1年に1冊、新たに配られることによって、普通は目に見えてこない勤続年数が、このハンドブックの厚みとなって目に見えるような形をまとうこ

ユニコのスタッフ用ハンドブック

となる。これは、スタッフにとってみれば、自分がユニコで働いてきた自信そのものであり、「私のミッションステートメント」を仲間同士で語り合うことはある種、スタッフを鼓舞し、組織文化を醸成する儀式の一手となる。

スタッフハンドブックは毎年、年度の版を更新しながら今現在も活用され、時代の変化に合わせながら少しずつブラッシュアップを重ね、あるべき姿へと変化してきている。ブランディングは10年で1タームとはいうが、そういった意味でも、ユニコのインナーブランディングは〝育ってきている〟という実感を得られている。

対外面でのブランディングでデザインが貢献できること

成果を出せた事例2 ――「ユニコ」が手がけた「UNICO NEXT」の内装デザイン

先ほどはインナーブランディングにおけるデザイン施策の事例を紹介したが、ブランディング面でデザインが貢献できるもう1つの方向性に、外向きのブランディングが存在する。同じくユニコで私が手がけたことにおいては、UNICO　NEXT博多教室の事例を紹介したい。

UNICO　NEXTとは、ユニコが手がける中高生を対象に含めた、プログラミングを学ぶことができる放課後等デイサービスである。この話をいただいた際、放課後等デイサービスを利用されるご家族の方々の中には、「できれば放課後等デイサービスの教室に通っていることを大々的にはしたくない」という想いがあることを伺った。子どもの障害について、何も積極的に言う必要はないし、その気持ちは理解できるものがある。

この現状に対してユニコは、なんとかしたいという想いを持っていた。ユニコでは、障害はその人が持っているものではなく、その人と環境との間に起こるものであり、その人の特性と、そのときの環境が噛み合わずに発生する問題のことを言う、と表現をしている。それが、この存在を「障害」と呼ぶゆえんだ。そのため、子どもたち本人に対してももちろん、そのご家族の方々に対しても、人目を避けるような配慮をさせる必要はまったくない。むしろ、ユニコに子どもたちが通っていることを誇らしく感じてもらい、周りに自慢できるような場所にしたいという想いを、ユニコは持っていた。

UNICO NEXTはこの想いの延長にあるプロジェクトだった。そうした中で求められたのは、「ハイクオリティなデザインをもって実現すること」だった。

私自身は、空間デザインを手がけた経験値はまったくなかったが、ファーストキャリアでプロダクトデザイナーとして立体のデザインを担当してきた経験がここで生かされ、内装の検討を始めた。オープン前は一度も現地に赴くことは叶わなかったが、このプロジェクトに関わる皆さんの力添えもあって、仙台の地から、福岡にあるUNICO NEXT 博多教室のインテリアを考えた。

この時に改めて感じたのは、手描きのスケッチで検討できることが、デザイナーの職能の1つであるということだ。そもそも、未知なる何かを創造しようとする時、明確にビジョンをイメージできていることはまれなのではないかと思う。自分のイメージは自分の手で描くことで頭の外にアウトプットされ、拙い線ながら形を伴うことで、初めて具体的に認知することができるようになる。それを眺めながら、「そうか、自分はこういうことを考えていたのだな」と理解し、自分が思い描いていた理想の姿と、目の前に現れた拙い線との差分を見つめ、この違和感の原因はなんなのだろうかと考える。もしかしたら、この視点が抜けていたのかもと再考し、そこからさらに頭でつかんだイメージを、再び手で描いて自分の身体の外にアウトプットする。この行為を繰り返しながら、自分が目指そうとしていた姿へとどんどん近づけていく。

これを実現できるようになるには、やはり観察眼と審美眼を鍛え、養うことが大切であると感じる。

さて、話を戻そう。これらのデザイン検討プロセスを経て、UNICO NEXT博多教室は無事にオープンした。いざ実際に公開されると、公開前の準備段階で検討・準備してきたことと、実際に運用してみて初めて現場で理解できる現実とのギャップが大なり小なり発生する。新規事業や新商品開発をはじめ、新規で何かを立ち上げた際には起こり得るこれらのことは、ブランディングにおいてもご多分に漏れず発生す

デザインしたUNICO NEXT 博多教室の内観スケッチとオープン後の内装

Branding of UNICO NEXT, Graphis Design Award 2023
著者が手がけたクリエイティブの詳細はこちらからご覧いただきたい。

る。いわゆる、ブランディングの〝揺れ〟の部分であるが、この理想と現実の差分をフィットさせるためのプロセスも経て、UNICO NEXT博多教室は現地になじみ、スタートを切ることができた。狙い通り、明るいカフェに訪れたかのような空間で、訪れる親御さんたちを迎えることができ、子どもたちもまた、本当に楽しく遊んでいる。

ブランディングやデザインは評価するのが難しい分野であり、これに悩むデザイナーも少なくないだろう。ここで伝えておきたいことは、デザインは組織の資産価値を高めていく上で、どこに影響してくるか、ということである。資産価値は、有形であるモノと無形であるコト、この2つに分けられる。有形である資産は、例えば土地、建物、オフィス内の家具など、文字通り形があるもの。企業会計の上でこの資産価値は、物理的な姿形を伴っているために、購入した費用が分かり、理解がしやすい。ただし、そのために物理的な制約を多く受けることになる。この有形資産の価値を高めることに貢献できるデザインは、これまでにも多く存在してきたので、もちろんあるにはある。一方で、私がこの本で伝えたい、デザインが経営の資産価値に大きく貢献できる部分は、有形資産ではなく無形資産の部分、つまり、姿形を伴わない資産価値の部分である。この1つが、ブランディングが主に担当する「ブランド資産価値」である。

対外的なブランディングにおいては、その企業が大切にしていることを正しく外にアウトプットし、かつ、そのアウトプットが社会に受け入れられる内容となっているか、そして、その成果がきちんと企業に戻ってくるかどうか。そして、対内的なインナーブランディングにおいては、対外的なアウトプットを実現するために、企業の経営層が目指す方向に向かって、デザインが、ブランディングがその組織を一枚岩に束ねることができるか。これに貢献し、実現することができるか。これらの力が備わっているかどうかが問われているのだと感じる。

デザインが経営にどう貢献できるのか。ユニコの事例は、その問いに対してポジティブな回答になっているのではないだろうか。

デザインやブランディングが資産価値を高めていく上で影響するのは無形資産の部分で、特にブランド資産価値のことを指すのは前述の通りだが、これを分かりやすくいうとどういうことなのか、改めて説明したい。グロービス経営大学院編著『グロービスMBAマーケティング改訂4版』（2019年）から引用すると、

ブランド・エクイティをとらえるときには、「ブランド認知」、「知覚品質」、「ブランド連想」、「ブランド・ロイヤルティ」の4つの要素に分解してみるとよい。

とある。これを踏まえて、私なりに説明したい。

コカ・コーラ社のことは、皆さんご存じだろう。「みんな知っている」といえる理由は、世界のブランド価値ランキングが始まった第1回から、コカ・コーラ社は12年間連続で、ブランド価値が世界1位に君臨し続けていたからだ。

では、何が評価されているのだろうか？　先述のブランド資産価値を分ける際の4つの要素の中で、仮に「ブランド認知」の要素にフォーカスして考えてみたい。皆さん、コカ・コーラを表現する「色」といえば、何色を思い浮かべるだろうか？　おそ

らくは「赤」で、しかも、濁りのない、はっきりとした赤をイメージされると思う。今、この本を手に取って読んでくださっている方々に限らず、世界中の誰もが「コカ・コーラといえば赤」と、共通して連想することができる。これはなかなかにすごいことで、この「相手が連想するコカ・コーラのイメージに姿形は伴わない」ということこそが、物理的な姿形という制約に縛られない、無形資産の価値だ。ちなみに、世界の著名なブランドの価値については、英国のインターブランド社が毎年公表している。

なお、さまざまなブランド資産価値の評価方法がある中で、ブランド資産価値を一律に評価する方法が定まっていないのが世の中の現状で、この点は注意する必要がある。これも先述の『グロービスMBAマーケティング』から引用すると、ブランド・エクイティ評価モデルの代表例として、インターブランド社モデル、ブランド・ジャパン・モデル（日経BPコンサルティング）、経済産業省モデル、CBバリュエーター（一橋大学伊藤邦雄教授のモデル）が挙げられており、それぞれに内容が異なる。この現状を踏まえて、デザインが、ブランディングが、どのドライバーに作用する力と成り得るか、デザイン経営をなりわいとするデザイナーであれば意識する必要がある。ここに挙げたコカ・コーラ社の事例も、ブランド資産価値の中で「ブランド認知」に関わる点のみを紹介している。

インターブランド社が発表している、コカ・コーラ社が持つ2023年現在におけるブランド価値は580億ドル、2023年時点の1ドルを140円として換算すると、約8・1兆円。世界第1位はアップル社で5026億ドル、コカ・コーラ社同様に換算すると、約70・3兆円となっているが、コカ・コーラ社のブランド価値は、考え方にもよるが、長らくは大きく動いていない。時代の流れとともに、テック企業が追い抜いていったのであって、これが、ユニコーン企業に求められる条件の1つ、「テック企業であること」ということなのだと私は理解している。

少し脱線するが、ここで1つ面白いエピソードを紹介したい。2歳の女の子が我が家に来た時に、私の iPhone、iPad、MacBookAir を指さして、「みんな一緒」と言う。言葉をまだ充分に話せない2歳児であっても、それらが共通してアップル社の製品であると認知させるあのリンゴのロゴマークのすごさたるや。そしてぜひ理解いただきたいのは、これはノンバーバルコミュニケーション、つまり非言語におけるコミュニケーションの成せることであって、デザインが無形資産の価値を高めることに貢献できるとは、まさにこのエピソードのようなことなのである。

成果を出せた事例３――「天煌堂」のコーポレートロゴ

経営、または資産価値に貢献している事例として、株式会社天煌堂（以下、天煌堂）の事例も紹介したい。

天煌堂の代表である川尻大介さんは、私が通っていた経営大学院の同級生であった。いつもユニークかつ意義あるチャレンジをされる方であるが、天煌堂のことを少し紹介すると、もともとはゼロプラスという名前でスタートした企業で、アパレルや寝具などを展開している。ゼロプラスという社名が象徴するように、人が感じる不快を「着るだけ」「寝るだけ」「付けるだけ」で取り除く、誰でも簡単に使える商品・サービスを提供している。結果として、今まで我慢していたり、諦めていたモノ・コトに対して前を向ける手伝いをすること、言い換えると、後ろ向きな時間を前向きな時間に変換することをミッションとしている。これは、天煌堂へと社名変更した後でも変わらずに貫いている。

川尻さんはデザインの力を信じてくださり、ゼロプラスの頃から、主にロゴ制作における依頼を頂戴している。そのユニークさから世間的な注目度が高かったnopointsインナーのロゴタイプおよびシンボルマークをはじめ、複数の制作案件を担当させてもらった。中でも特筆すべきは、天煌堂のコーポレートロゴの制作だ。

ゼロプラスの頃から、たびたび「世界にチャレンジしたい」という想いを聞いてきた。人が感じる不快を取り除いてゼロ化し、そこからポジティブに感じられるよう、プラスに反転する商品・サービスを世界に提供する時に、「おもてなし」に代表されるような日本らしさをアピールしたいという。

このブリーフィングを受けて考えてきたことは、日本にいると、日本語を使うことや、そもそも日本という国が存在していることは当たり前だが、海外へ出れば、日本語を話せる人は少なく、また、そもそも日本という国を知らない人も多くいることを念頭に置かなければならない、ということだ。そうしてアイデアスケッチを描き続ける中でふと、日本語を話せない人、日本という国の存在をあまりよく知らない人に、「日本らしいね！」と納得してもらうためには、どうしたらいいのか。また、そもそも日本という国の存在を知らない人にも、「なんだかオリエンタルな印象だな」と感じてもらうためには、どうしたらいいのだろうか、と考えるようになった。そこから、日本という国をよく分かっていない人たちの中にもある日本を連想するモチーフを使わなければならないのではないか、と考えるようになった。では、誰もが知っている日本の象徴とはなんだろうかと考えた結果、たどり着いたのが富士山だった。富士山であれば、日本という存在を知らなくとも一度は耳にしたことがあるのではないだろうかと考え、モチーフにすることを検討し始めた。

アイデアスケッチを続け、天煌堂の頭文字である「天」という漢字が、富士山のシルエットを使って表現できると閃き、シンボルマークを制作した。

それにしても、日本らしさ＝富士山とはあまりに簡単すぎはしないか、と感じる人もいるだろう。ともあれば、ここで少し「コンセプトの明快さ」という点についても補足しておきたい。

私自身は、コンセプトは複雑でないほうが良いと考えている。理由は、言語が通じない人たちにも理解してもらうことが、デザインの成果物の達しなければならない到達点であるからだ。成果物がどんなに超人作でも、カオスのように感じられるデザインであっても、その構造がシンプルなら、「シンプル」といえるものになると考えている。シンプルなものが集合するから超大作となったり、一見、カオスのように見えるのだ。

私が学んできたデザイン教育の中で、恩師は「デザイナーの仕事は、不自然を自然にすることが8~9割」と言っていた。当然ながら、人が普段目にするものには、自然界のものも多い。自然なものを見慣れている人たちの中に不自然なものを入れ込むと、受け取られる印象は文字通り、「不自然」となる。

後の章でも触れるが、「複雑なコンセプトでなければ」と考えるのは、担当する人間の我欲であるのかもしれない。我欲はデザインのみならず、組織が目指す方向性を

天煌堂のコーポレートシンボル

The logo of Tenkodo Inc. Gold, Graphis Design Award 2023
著者が手がけたクリエイティブの詳細はこちらからご覧いただきたい。

見定めるその視点を歪ませる危険性を持っている。ブランドを世の多くの人たちから支持を得られるものにしたいのであれば、コンセプトをはじめ、ミッション、ビジョン、バリュー、そしてパーパスに至るまで、シンプルで分かりやすいものでなければ、そのコミュニケーションのアウトプットにはノイズが混ざり、結局分かりづらさを生み出す原因となる。

もう少しいえば、似たコンセプトであったとしても、何がオリジナリティかという差を生み出すのは、個人の体験から得た学びなのだと考えている。分からないことがあればインターネットで調べたり、最近はＡＩに聞くかもしれないが、それらが指し示す答えは、いかに精度が高いことであっても、すでに世の中に知られている、既知なる部分だ。個人が体験したなんらかの経験、かつ、そこでその個人が感じたこと、学び得たことは、その人だけが等身大で感じ得たことであって、それがオリジナリティの源泉となる。問われているのは、共感を呼ぶ説得力の強さなのだ。

話を戻して、この過程から、同じ形が連続する、非常にシンプルな、それでいて力強さを伴ったシンボルマークが生まれた。そしてこのシンボルマークが、非常に幸運なことに、ニューヨークで長い歴史を持つ国際コンペでグラフィックデザイン界の最高峰の1つ「Graphis Design Award」の2023年度において、ゴールド賞を受賞。ロゴ部門をはじめ、ブランディング部門、ポスター部門、パッケージ部門といった、ありとあらゆるグラフィックデザインの分野から集まった全717のエントリーの中で上位2・5%に入り、ロゴ部門単独では世界第2位、日本からのエントリーの中では、第1位となる評価をもらうことができた。

コーポレートロゴは、例えば「株式会社天煌堂」という社名が言語で表現する存在だとすると、非言語でこれを表現する存在だ。これらは対となる存在であり、ロゴマークはブランディングにおいて非常に重要な要となっている。

デザイン、もっと大きくいうとデザインを経営に結びつける行為が、ブランド資産価値を高めることに貢献できるのは、前述のユニコの事例で述べた通りであるが、天煌堂のケースにおいても、その価値向上に貢献できているのではないかと感じている。

2章

デザイン経営に失敗しないためのインサイトブースト

1章でも触れた通り、「デザイン経営」に注目が集まるようになった前提として、「デザイン思考」への関心の高まりがあった。デザイン思考という言葉が広く認知されるようになったのは、2004年に、イノベーションを実現するデザインコンサルティングを手がける米シリコンバレーの企業・IDEOの創業者のひとりであり、以前よりデザイン思考をイノベーションの核に据えてきたスタンフォード大学教授のデビッド・ケリー氏らが、同大学内に「Hasso Plattner Institute of Design at Stanford」、通称「d.school」を創設したのがきっかけだといわれている。その後、日本でその認知度が高まり出したのは2016年頃のこと。新しい「経営の方法論」として、たびたび耳にするようになった。行き詰まり感のあった経済状況の中で、世界に目を向けると、デザイン思考を経営に取り入れたスタートアップ企業が大手企業の資本力を抜き去っていくという現象が起きていた。その思考法に注目が集まるのは、ごく自然な流れだっただろう。

代表例となるスタートアップ企業はいくつかあるが、1つに、民泊ビジネスを展開するAirbnbがある。ふたりのデザイナーを含む3人の共同設立者が2008年8月に創業したこのベンチャービジネスは、現在、世界約200カ国、6・5万以上の都市でひと晩に5〜6万人が利用するまでに成長を遂げている。2021年2月時点で、当時の日本円に換算した時価総額は、なんと10兆円超。彼らがどんな手法を使ってそれを実現したのか。そこに、デザイン思考が使われていたとされる。

Airbnbも創業の最初から順調だったわけではなく、初期の頃はアメリカ国内でも知名度は低かった。倒産寸前に陥った際、創業者たちは「なぜサービスが広まらないのか」という問題を解決するために、分析を行った。結果、ウェブサイトに掲載されている部屋の写真が魅力的ではなかったことが原因であると気づき、即座に魅力的な写真に撮り直して差し替えたところ、わずか1週間で売上が2倍になったといわれている。

驚くべきは、企業の設立から時価総額10兆円を超えるまで、わずか13年。これまでの巨大企業がかけてきた長い時間を考えると、そのスピード感に驚嘆する。

ではなぜ、Airbnbの例のようにデザイン思考が「成果」を出すことに貢献したのか。

佐宗邦威氏は著書『直感と論理をつなぐ思考法 VISION DRIVEN』（2019年）の中で、デザイン思考をターニングポイントとしたその前後の流れを、PDCAが支配する「カイゼンの農地」「カイゼンの民」に迫りくる自動化とVUCAの脅威、論理を手に領土拡大を目指す「戦略の荒野」、目的の難民達の新天地「デザインの平原」、というユニークな例えを使いながら説明している。これらの言葉を含め、一部を次に引用したい。

「戦略の荒野」で戦い続けてきた人たちの多くは、どこかのタイミングでこの場所に限界を感じるようになるらしい。何のために戦っているのかがわからない「目的の難民」状態である。ずっとここで競争を続けていく人生が、果たして魅力的なのか……？　かといって、かつての「農地」におとなしく帰るには、あまりにもいろいろなことを知りすぎてしまった……。結局、僕たちは「戦略」と「カイゼン」とのあいだを揺れ動きながら、ちょうどバランスが取れそうな場所を探すほかないのだろうか……？

そうしたなかで、人々がふと目を向けると、「戦略の荒野」から一本の橋が伸びているではないか。その先に広がっている新たな大地こそが、「デザインの平原」である。

佐宗氏のこれらの引用を念頭に置きながら、以降は、私自身がたどってきたメーカー勤務時代や広告代理店時代での実経験から伝えていきたいと思う。

かつて、世の中の企業はKAIZEN活動をすることで利益を上げてきた。「KAIZEN」とはトヨタ自動車が始めたことで、日本語の「改善活動」が世界に出たことでアルファベット表記となったものである。例えば新商品を世に出したとする。世に出たばかりの時点で購入する商品と、半年後、1年たった商品とでは、同じ商品でも、その部品構成が異なる。例えば車なら、ボディの鉄板の厚みを0・1ミリ薄くする、部品を締結していたネジを1本減らす、といったKAIZENが行われているのだ。工業製品の世界は、品質基準が存在する。分かりやすいところでいくとJISがそうであるが、各メーカーそれぞれに、独自の工業製品規格を設けている。「この品質はクリアしなければならない」というラインがある時、世に出たばかりの新商品はたいてい、オーバースペックな状態にある。そこから過剰であった品質を見直して適正にする際に、例えば上記のようなボディの鉄板の厚みを0・1ミリ薄くするとか、部品を締結していたネジを1本減らす、といったKAIZENを実施する。結果、1車種で鉄板の厚みを0・1ミリ薄くしてもそれほど効果はないように思えるが、それがいちメーカーの多くの車種に広がると、材料費は格段に安くなっていく。販売価格は変わらないものの、材料費が安くなれば当然、自分たちの手元に残る利益が増える。この活動が「KAIZEN活動」と呼ばれ、前月比何%になったか、というKPIが用いられてきた。

ところがKAIZENできるものにも限りはある。KAIZENする対象物がなくなる、つまり、今やKAIZENし尽くしてしまったという状況が起きている。それまで利益を生み出す手段とされていたものが有効ではなくなった時、何が注目されたか。戦略を描き、策定してアクションに落とし込むことができる力とその人材——戦略コンサルタントたちの存在である。

彼らは、利益を生む分野がもうなくなってしまったかに思えた事業領域の中で、分析と戦略を駆使して、ここならば利益を生むことができると狙いを定め、成果を出していった。戦略コンサルが使っていた力は、経営学修士、つまりＭＢＡという力で、そのパワフルさは相当なものだった。

一方で、企業の中で経営戦略を描き、策定して実行に移す人材が、その第一線から離脱するという状況が生まれ始めた。ＭＢＡの力はパワフルであることに間違いはないが、その力が使われる戦いの場所は、経営が生きるか死ぬかを懸けている場所であり、相当なプレッシャーがのしかかる場である。そんな時に、これまでとはまったく異なる手法で急成長するベンチャー企業たちが誕生した。先述のAirbnbの例しかり、彼らが短期間で急成長を遂げることができた理由は、どうやらデザイン思考という手法によるものらしい——そうして、デザイン思考は世界から注目を集めたのである。

しかし、デザイン思考は世で注目を集めるに際して、大きな混乱を伴った。私の感覚としては、２０１５年頃にアメリカから日本に入ってきたデザイン思考は、未知なるその手法でスタートアップ企業が巨大企業の資本を抜き去り、成果を出していった点がフォーカスされ、具体的には何をするためのどんな手法なのかが不透明だった。

経営の側からは、デザイナー的な能力がどうやら行き詰まった経営状況を打破する力を持っているようだと注目を集めたが、デザイナーの側からすると、そもそものデザインの定義が大きすぎて、ひとくくりにされることへの違和感を多く耳にした。狭義のデザインの側からは、「それはデザインと呼べるのか？」という声が上がったし、広義のデザインの側からすれば、「そんなことはとうの昔からやってきたことで、今さら何が新しいのか？」と冷静だった。結果、正しいプロセスが「型」として定着する以前に、本質は置き去りにして、形だけまねされるデザイン思考〝らしきもの〟が溢れかえった。例えばよく見かけたのは、付箋を使ってブレストする姿。確かにデザイン思考のいちプロセスではあるものの、その理解が曖昧なままで行われることが多発したために到達した結論の内容が浅く、期待は「これなら、デザイン思考なる手法を使わなくとも、普通に考えたら到達できるのではないか？」といった疑念の声に変わってしまった。デザイン思考のプロセスであるアイディエーションの最中では、「頭で考えずに感じろ」と言われたりして、もはや何がなんだか分からない状況。確かにデザイナーは、自身の感性の振り子を最大限に振って感じ取り、イマジネーションをつかみ取る。それの「感じる」という行為は、決して考えていないわけではなく、ロジカルに整理し、考え抜くプロセスをたどっている。

いずれにしても、このプロセスを深く理解しなければ、期待する成果は得られない。結果、デザイン思考によって得られるパワフルな効果に注目が集まる一方で、デザイン思考は別に新しいものでもなく、取り入れることで得られる効果も大したことはない、と言われる状況が発生してしまった。中には、論理思考がクリティカルシンキングで、その論理思考の対極に存在するのがデザインシンキング、という声も聞かれたが、私からすると、それは誤解されているものである。デザイン思考は非論理的な思考プロセスというわけではない。普段、意識を向けることがなかなかない視点で考える、論理的な思考プロセスであると、私は考える。

なお、余談になるがKAIZEN→MBA→デザイン思考という潮流があった中で、KAIZENやMBAが古い過去のものであるという声も聞こえてくるが、これも、私からすると誤解されていると思う。KAIZENは、今や世の中のスタンダードになっただけであり、KAIZENを無視した開発なんて、どれほど地球環境をないがしろにしたプロダクトアウトであるか。到底、受け入れられるものではない。

また、ＭＢＡは経営が生きるか死ぬかの現場で磨かれてきた先人の英知の結晶だと考えていて、「ＭＢＡはもう古い」と言うのは、経営を甘く認識しているとしか思えない。人が働く以上、経営の上流にいようが末端にいようが、組織経営という枠の中で誰もが経営に関わっている。もしＭＢＡを学ぶ機会がなければ、組織経営を教わることはそもそも機会がなかなかないし、学べたとしても、それが体系づけられた学びというよりも、個人の経験や勘に基づく属人的な知識なのだと考える。それで「予測不能」といわれる未来を生きていけるならば問題ないかもしれないが、私自身が生きてきた世界では、そんなに甘いことにはなっていなかった。「良い経営は人を幸せにするが、悪い経営は人を不幸にする」とは経営大学院時代に教わった言葉であるが、私は後者を身をもって経験している。企業組織に所属して人が働き、結果としてそこに関わる人が幸せになるために、経営を「学」として学ぶことができる経営学は古くないし、むしろ、時代の機微を感じて日々更新され続ける、なくてはならない学問だと考えている。

話を戻すと、デザイン思考もいちツールでしかなく、扱う人の力量次第でその結果が大きく分かれる。私は、スタンフォード大学「d.school」のディレクターを務めるトーマス・ボス氏が来日した際に実施したワークショップに参加し、そこでデザイン思考を学んだ。世の中で、デザイン思考とはなんたるかと、さまざまいわれている中で、その原点に学ぶことが大事だと考えたのだ。そこで教わったデザイン思考の定義は、「新しいビジネスチャンスを見つけるツール」であった。

この本を執筆している2023年12月現在、デザイン思考を提唱してきたIDEOにおいて、大規模なリストラが報じられている。IDEOのウェブサイトには、今後は日本ではIDEOのデザイン・コンサルティング事業の運営は行わず、東京オフィスは2024年前半に閉鎖予定であることが掲載されている。

このことに関してさまざまな声が聞こえてきている。数年前、デザイン思考がイノベーション創発の手法だとされた際、それを標準化してしまってはイノベーション創発にならないのではないか、といわれたこともあったが、デザイン思考が世に認知されてからおよそ20年の時が過ぎた。現在、デザイン思考はISO（国際標準化機構）の規格に組み込まれている。かつてのKAIZENと同様に、ビジネスにおいて当たり前のスタンダードになったのが、大規模リストラの原因ではないか、という声も聞かれる。

しかし、今回の大規模リストラの根本的な理由は何かと考えると、本書でもこれまでに述べてきたように、デザイン思考が正しく理解され、活用されてきただろうかという点で、そうとは言い切れない現状を多く見続けてきた。「デザイン思考」という言葉だけがひとり歩きしてきた過去の経緯を考えるに、シンプルに、成果を出せなかったデザイン思考の姿があるのではないだろうか。

ともすれば、言葉だけがひとり歩きしてしまっている「デザイン経営」にも同じ危険性があるのではないかと危惧する。ここで理解いただきたいのは、インサイトブーストは、デザイン思考とは異なるアプローチである。「デザインの可能生を経営の世界に」とした自身の研究テーマから生まれた、このインサイトブーストの可能性を信じたい。

誤解なきようにお伝えしておきたいが、私はKAIZENやMBAと同じく、デザイン思考を否定するものではない。むしろ、人の幸せを願う前提に立ち、これらのパワフルなツールを最大限生かすことができるのかを、デザイナーの側から考えている。この著書のメインテーマである「インサイトブースト」は、デザインの可能性を経営の世界に実装するための提案である。

無意識のインサイトをつかむ

ここまで書いてきた通り、デザイン思考は非常にパワフルな効果を生み出す可能性があると期待する一方で、経営には役立たないという評価も耳にするようになったが、デザイン経営を実践していく上でデザイン思考は必須の学びであり、そこから導き出される可能性は無視できないと私は考えている。

ではなぜ、デザイン思考を取り入れているのに、そしてデザイン経営に取り組んでいるのに、「思ったような成果が得られない状況」は発生してしまうのか。さらにいえば、「我こそは自らのデザイン力をもってデザイン経営を実践している」というデザイナーたちですら、デザイン経営宣言をターニングポイントとした時に、その前後で何が違うのか、明確に言える人、そして実践できている人は多くないと感じる。デザイン経営宣言によって、「経営までデザインできる」と定義されたことで、デザイナーはただかっこいいビジュアルをつくっているだけでは立ちいかなくなってきている。1章でも触れてきた通り、経営戦略のどこにデザインの力が有効に働くかを明確にできなければ信頼を失いかねない。具体例は本書に掲載している事例を参照いただきたいが、経営戦略を理解し、その打ち手にデザインを組み込むことが、デザイナーとしての力を証明することになり得ると考えている。

そうした背景から、デザイン思考を使っているのにもかかわらず、もう少しいうならば、デザイン経営に取り組んでいるにもかかわらず、思ったような成果が得られないという課題を打破するために、「インサイト」は非常に重要な役割を果たすと考えた。私は普段から、デザインの力を経営の世界に生かす研究を専門としている。デザインの力を経営に生かす時、つまり、デザインドリブンである経営を実践すると言えるようになるには、どのような状態であるべきなのか。

星の数ほど存在するインサイトの中で、自分たちの経営に重要となるインサイトをしっかりと認識できているならば、そのインサイトが経営戦略の効果を底上げできるはず。そこから、私がたどり着いたこの手法を「インサイトブースト」と名付けた（商標登録も済ませている）。


インサイトブーストは、デザイン思考やデザイン経営という枠を越えて、経営における北極星を見つけ出し、その北極星に向けて取るべきユニークかつ有効なアクションを策定することができる。私が理事を務める、人の里親制度を普及啓発する団体、一般社団法人ＲＡＣ（以下、ＲＡＣ）の代表理事をする彩さんは、「大きなボールを狙うのではない、ピンポン球サイズの極小の的を鋭く射貫いてくるすごさがある」と、感想を言っていた。自分自身も、このインサイトブーストにはそんな可能性があると考えている。

なお、インサイトは「コンシューマーインサイト」とも呼ばれ、和訳すると「洞察」や「本音」であるが、グロービス経営大学院編著『グロービスＭＢＡマーケティング改訂4版』（2019年）によれば、「インサイト＝消費者行動の源泉となっている心理。自覚的に意識されていない場合も多い」と定義されている。

また、無自覚・無意識に関する説明としては、ジェラルド・ザルトマン氏の著書『心脳マーケティング　顧客の無意識を解き明かす』（2005年）の中で、「自分ではまったく、またはほとんど気づいていないか、あるいはうまく説明ができないような思考プロセスの結果として生じる思考」のことを「無意識的な思考」と説明している。

本書ではこれらの考え方を支持し、本書で扱う中で特に重要な概念である「無意識のインサイト」を、「自分ではまったく、またはほとんど気づいていないか、あるいはうまく説明ができないような思考プロセスであるものの、その結果として、消費者行動の源泉となっている心理」と定義する。

ちなみに、デザイン思考にもインサイトを見つけるプロセスが入っていて、発見したインサイトを基にアイデアを発想している。デザイン思考におけるインサイトの発見手段に用いられているのは、エスノグラフィ手法だ。エスノグラフィとは、もともと民俗学、文化人類学などで使われる学術調査の手法で、対象となる異文化やコミュニティーの中に実際に入り込み、行動観察やインタビューを行うことを指す。例えばマーケティングの場でのエスノグラフィも同様の手法を用いて、外部からは見えない消費者の深層心理や行動の要因となるものを調査する。この調査手法は、人種のるつぼといわれるアメリカのように、個人が育った国、文化、思想、宗教が異なり、話す言葉さえも異なるために、隣人が一体何者なのか分からない、どうしたら分かり合えるのだろうか、を追求した中で使われてきたものだと聞いている。端的にいえば、「調査対象となる人を観察し続ける」という、ごくシンプルながら、非常に重要な手法だろう。

分かり合いたいと考える隣人が、自分とは育った国、文化、思想、宗教が異なり、話す言葉さえも異なる存在だったとしたら——そんな隣人と生活を共にしてみることで、自分の価値判断では考えつかないような、思いがけないことが発見されたりする。そんな時、「今、なぜそんなアクションを取ったのか？」とその現場を押さえ、その場で本人に聞いてみる、というのがエスノグラフィ手法である。自分が理解できないことを、理解できている相手に聞く行為から、「弟子と師匠」とも表現される。

この、「観察する」という行為こそが、デザインの基本だ。なぜならば、デザインの基礎教育はデッサンであり、デッサンは何を鍛える学びかというと、観察眼と審美眼を鍛える訓練だからである。デッサンは、ただ目の前のモチーフを写実的に描けるようになるための訓練ではない。目の前のモチーフを写実的に描くのであれば、モノクロの写真を1枚撮ったら済むわけで、デッサンの学びは、目の前のモチーフに対して、「あなたが何を感じ取ったのか」――これを観察する力を第一に鍛える訓練である。ここでいう「あなた」とは、デザイナーであり、経営者であり、そのデザイン作業を行おうとしている全ての観察者だ。

そして、自分自身が感じ取ったこと、世のどこにも存在していない自分だけの学びであるその一次情報を、どうやって可視化するか。いざ可視化してみると、あれ？今自分が表現したこのアウトプットは、自分が感じたことと違う……という事態が多々発生する。この、自分が観察して感じ取ったイメージと、表現して目の前に現れたアウトプットのギャップに対し、自分が感じ取った美しさはこんなアウトプットでいいのか？と自分の中でジャッジして、このギャップを埋める行為を繰り返すことで、審美眼が鍛えられていく。故にデッサンは、観察眼と審美眼を鍛える訓練で、デザインなる行為は根底にこのプロセスが常にある。この行為がきちんと自分の能力になれば、自然と目の前のモチーフを写実的に描けるようになっていく。

もしデザインをなりわいとする、つまりデザイナーであるならば、目の前に見えるものを観察するにとどまらない。デザインは常に人に寄り添うヒューマンセンタードなものであるといわれるが、人の心情の機微から、政治や経済といった概念まで、ありとあらゆるものを観察し、そのデザイナーなりの解を見つけ出す。デザイナーとはそういう職業であり、生き方である。


さて、話を元に戻すが、インサイトに関しては、エスノグラフィでももちろん発見することができるが、誰しも観察の達人とは限らない。デッサンに慣れたデザイナーであるならばまだしも、デッサンレベルの観察に慣れていない人にとっては、難易度が高いように感じる。そこで、インサイトブーストでは、そのインサイトをつかみ取る手法として、「デプスインタビュー」を基本としている。

デプスインタビューについては後ほど詳述するが、先に簡単に説明するならば、インタビューする側とされる側の1対1のインタビュー形式で行う定性調査手法だ。

ここで、インサイトやデプスインタビューといった言葉を説明するために、これら2つの言葉とは切っても切り離せないマーケティングの観点を説明したい。そもそもインサイトとは、マーケティング分野で用いられる言葉である。しかし、一般的なマーケティング、つまりいわゆるマスマーケティングと、インサイトが用いられるマーケティングには明確な線引きがある。インサイトを扱うマーケティングは、マスマーケティングの領域が起点にはなっていないのだ。むしろ、たったひとりのユーザーに着目して、その人が何を考えているのかを深く理解する、いわゆる「N＝1分析（Nはサンプル数のこと）」の手法を起点としている。一般的なマスマーケティングはモダンマーケティング、インサイトを扱うN＝1のマーケティングは、ポストモダンマーケティングの分野に分類される。この2つのマーケティング分野を分類するポイントには、参与観察の手法を用いるかどうかがある。

例えば、モダンマーケティング分野である一般的なマスマーケティングの世界では、大人数を調査対象としたアンケート調査がその調査手法となることがある。N値が大規模となり、アンケート結果としては「何％が該当するので○○ということがいえるでしょう」という、やや大雑把ともいえるものになる。

イメージしてみてほしい。不特定多数を対象としたアンケートを実施したとして、最初に年齢を聞いた場合、どれだけの人が正確な年齢を回答するだろうか。年収を聞いた場合、本当の金額を答える人がどれほどいるだろう。実年齢よりも若く答えることもあるだろうし、実収入よりも多く答える人もいるはず。そこで「さばを読む」ことで、むしろ個人情報を守ろうとする人がいることも想像に難くない。となると、アンケートの最初のほうで質問されがちな年齢や収入の段階で、その結果は破綻しているともいえる。

また、もう1つ大事な観点をお伝えしたい。マスマーケティングから導き出したい解は何か、ということである。N値が大規模となり、「その何%が該当するので◯◯ということがいえるでしょう」と結論を導き出した先に、どんなユーザーがいて、何を判断基準として、マーケティングを仕掛ける側が購入してもらいたい商品やサービスを購入するのだろうか。つまり、マスマーケティングから導き出したい解は、そのマーケットにはどんな個人がいるのか、ということである。

N＝1分析の考えを基本とするポストモダンマーケティングは、いわば、マスマーケティングのプロセスを逆から行う手法である。マーケティングを仕掛ける側が購入してもらいたい商品やサービスを購入する個人は、どんな人なのだろうか。どんな日常生活を営んでいて、普段はどんなことを考えているのだろうか。

その商品やサービスを使っている人が確実にひとり存在しているということは、同じく、その商品やサービスを使っている人たちがほかにもいるはずだ。そのN＝1の個人は、その商品やサービスを購入する時、どんな価値判断で使い始めるのだろうか。もしかしたら明確な判断基準なんて持っていなくて、なぜ？　と聞いてみたら、「なんとなく」とか、「適当に選んだ」という答えが返ってくるのかもしれない。たとえ「なんとなく」や「適当に選んだ」の結果として商品やサービスが選ばれたのだとしても、なんとなくではあるが選ばれた、適当ではあるが選ばれた、その理由がある。

この時、N＝1の個人に聞いても明確な答えは返ってこないけれど、無意識の奥底にあり、この個人を突き動かした存在こそが「インサイト」なのだ。だからこそ、インサイトを正確に扱えるようになることが、極めて重要になってくる。

なお、ここまでお読みになった読者の方の中には、「今までのマスマーケティングの手法ではダメなのか」、「それではインサイトを使ったら、どれくらい売れるという保証が得られるのか」といった意見をお持ちになる方もいると思う。そういった声が聞こえてきそうであるし、私も実際に言われたことがある。その上で伝えておきたいことが3点ほどある。

1つめは、私はマスマーケティングを否定する者ではない、ということ。インサイトを使ったポストモダンマーケティングの手法がデザイン経営に有効であり、そこには大いなる可能性があると考えている者である、ということである。

2つめは、インサイトブーストの手法はもちろん使うが、従来のマーケティングのフレームワークも、当たり前にフル活用する、ということ。クライアントが財務諸表を公開している企業であれば、財務諸表を読み解いて状況分析をし、戦略立案をする。適材適所で手法を使い分けることができればいいだけのことだと考えている。

そして3つめは、「インサイトを使ったら、どれくらい売れる保証があるのか」という声に対しては、従来のマーケティングから考えるのも悪くはないが、それはつまり、過去の成功事例をなぞっているに過ぎない、ということだ。自身が今いる業界を見渡してみてほしい。競合他社も同じマーケティング手法を使って戦略となる打ち手を考え、採用してはいないだろうか。そして結果として、その業界には、似たような商品やサービスが溢れてはいないだろうか？ 従来のマーケティングから考えると、おおよその販売予測はつくかもしれないが、それはコモディティ化した状況を打破するきっかけをつかむ手法ではない。

インサイトは、マスマーケティングに重きを置くのではなく、一個人の無意識を発掘する。つまり、インサイトブーストは、周囲と比較するのではなく、自分たちが本当は何がしたいのか、自分たち「らしさ」とはなんなのかを大切にしている。

少し余談になるが、ポストモダンマーケティングの文脈で使われるインサイトの中でも、より多くの人に共通し、より多くの人を動かせたインサイトを「キーインサイト」と呼ぶが、それは事前には分からない、といわれている。つまり、より多くの人を動かしたキーインサイトというのは、結果論にすぎない。これを確認するためには、アクションしてみる、のひと言に尽きるが、だからこそ、仮にデザイン思考のプロセスで解説してみると、デザイン思考の中にある「ラピッドプロトタイピング」が重要になると私は理解している。ラピッドプロトタイピングとは端的に、「最小限のリソースで最大限のフィードバックを得る」ということなのだ。

インサイトブーストの第1段階・デプスインタビューの方法

では、ここから具体的にインサイトブーストの方法を紹介していきたい。

まず、インサイトブーストは大きくは2つのプロセスから成る。1つは、無意識のインサイトをつかむプロセス。もう1つは、つかみ取った無意識のインサイトから経営戦略の打ち手をブーストするプロセスである。無意識のインサイトをつかむプロセスでは、デプスインタビューという手法を使い、経営戦略の打ち手をブーストするプロセスでは、デザイン思考のプロセスにも存在するアイデア展開からラピッドプロトタイピングまでの手法を使う。

それではまず、インサイトブーストのファーストステップとなる、デプスインタビューから説明していこう。

デプスインタビューをするに当たって、心得がいくつかある。

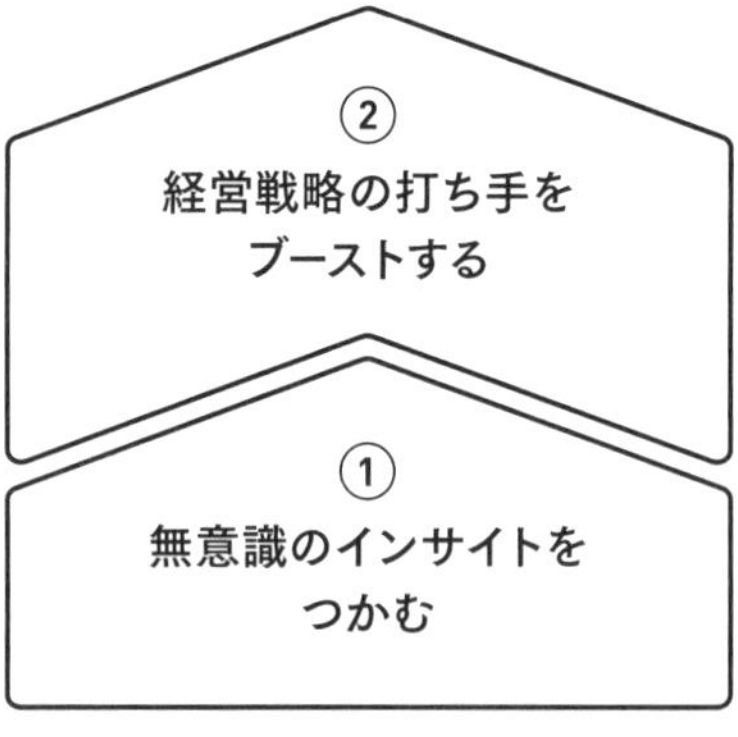

インサイトブーストのプロセス

ステップ1――インタビュー環境を整える

インサイトブーストで行うデプスインタビューでは、当然のことながら、インタビューされる側の多くが、経営戦略策定の上でターゲットとしたいキーパーソンや役職のある人たち、経営者らが対象となる。彼ら／彼女らの無意識のインサイトをつかみ取ることが最大の目的だ。

無意識のインサイトとは、前述の通り、「自分ではまったく、またはほとんど気づいていないか、あるいはうまく説明ができないような思考プロセスであるものの、その結果として、消費者行動の源泉となっている心理」である。つまり、インタビュイー自身も気づいていない、もしくは、なんとなく分かってはいるけれども、明確に言語化できていない状態にある深層心理にアプローチしていかなければならない。

このため、デプスインタビューを実施する際には、周りの環境への配慮をしていただきたい。まずはインタビューするこちら側とインタビューされる相手側に、時間的な余裕があること。おおむね、最低でも1時間程度はかけたいところだ。次に、デプスインタビューを実施するその場に、インタビューするこちら側とインタビューされる相手側の2名以外に誰もいない空間で行うこと。そして、出来得る限り静かな環境で、周囲の音などの変化に気が散らない状況下で実施する必要がある。

理由は、インタビューされる本人が気づいていない無意識のインサイトは、場合によっては、自らが無意識の内に深層心理の奥底に収め、それが表に現れないように固く封をしている場合がある。私の感覚では、その確率は思いのほか高い。ときには、インタビュー中にむせび泣く場合もある。このため、上記に挙げた「周りの環境に配慮いただきたい」意図は、インタビュイーの心理的安全性を確保することが、インタビューする側の責務だと考えているからだ。

ステップ2──緊張をほぐし、インタビュイーから信頼を得る

インタビュイーの心理的安全性を確保する観点から、いきなりデプスインタ

ビューに入ってはいけない。インタビューに入る前にまずは、インタビュイーに信頼してもらうため、緊張をほぐすためのアイスブレイク的な会話を入れるようにしてほしい。その際、事前に相手の理解を求めておかなければならないことがある。

①「なぜ？　なぜ？」攻めをすること

この後に実施するインタビューでは、「なぜ？」という質問をたくさんすることになる。それは、純粋になぜそう考えるのかを知りたくて質問するのであり、意地悪でしているわけではないと、理解してほしいと伝える。

②本音を話してほしいこと

質問に答える際にはぜひ、守秘義務は絶対に守ることを約束した上で、「こんなことを言っていいのだろうか」とためらわず、思ったこと、感じたことを本音のまま話してほしいと伝える。

③録音をさせてほしいこと

記録のために、インタビューの録音を許可してほしいと伝える。なお、録音した音声は、あくまで後から書き起こすためだけに使用するのであって、ほかに使うことは決してないため了承いただきたい、と伝え、実際にこれを固く守る必要がある。

④匿名性を保持できるよう協力してほしいこと

この後に実施するインタビューで聞く内容は、分析のために使用する。ただし、絶対に個人が特定される形で表に出ることはないため、安心してほしいと伝え、これもほかの項目と同様に必ず守る。同時に、個人情報保護の観点から、インタビュー中に個人情報となる言葉を出さないようにすることをこちらで約束する。例えばインタビュアーがインタビュイーを呼ぶ際には、「○○さん」とは呼ばず、「～について、ご自身ではどう思われますか?」などと名前を伏せて会話をする必要がある。インタビュアーだけでなく、インタビュイーもまた、その点について配慮いただきたいと伝える。

これらについては、インタビューを開始する前に、必ず相手の了承を得る必要がある。録音を始める際には、必ずこれらの了承を得てから録音を開始する必要があり、また、終える際には、「それでは、録音を止めますね」と言わなければならない。

なお、この説明をする際にも、ぜひ笑顔は絶やさずにいてほしい。なにせ、「はじめまして」の相手に信頼をしてもらおうなんて、ただでさえハードルが高い。ぜひ、アイスブレイクとこの説明のわずかな時間でインタビュイーからの信頼を得られるよう努力してほしい。なお、笑顔を絶やさず、こまめに相手を安心させる言葉や話題を投げかけながら、これらのことをお伝えするので、インタビューする側、される側それぞれが慣れていたとしても、おおむね10分から15分程度はかかるのではないかと思う。

ステップ3　ラダーリング法で具体の掘り下げとフォーカスする視点の切り替えを行う

インサイトブーストのデプスインタビューでは、「ラダーリング法」という手法を用いる。ラダーとは「はしご」という意味がある。こちらの質問に対して、相手が回答したとする。インタビューするこちら側は、そこでさらなる質問をする。この時、2つの方向から追加質問をぶつけることが重要だ。1つは、より深く、具体性を追求する方向性。もう1つはその逆で、話題を転換する方向性。話題を変更するためには、抽象度を一段階上げ、フォーカスする視点を切り替える必要がある。

相手から返された質問の回答に対して、より深く深く、下へ下へと質問を具体的に深掘りするための質問と、抽象度を一段階上げるための質問は、ちょうど、はしごを下方向へ下るのか、それとも上方向へ登るのかのイメージに例えられる。ラダーリング法とは、このはしごを上り下りするイメージからその名が付けられている。

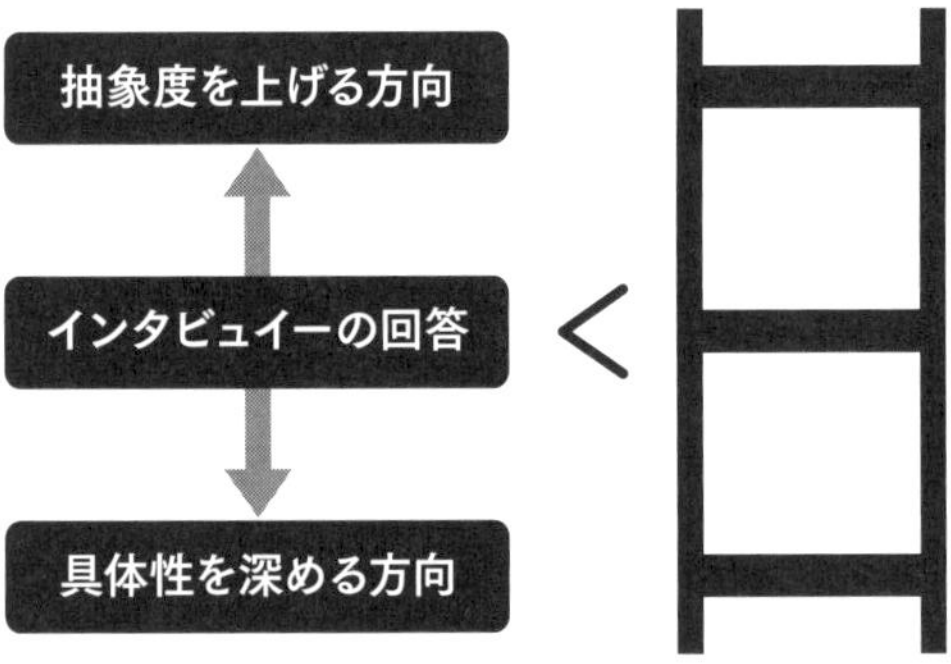

ラダーリングの概念図

ラダーリング法を使ったデプスインタビューの質問の仕方の事例

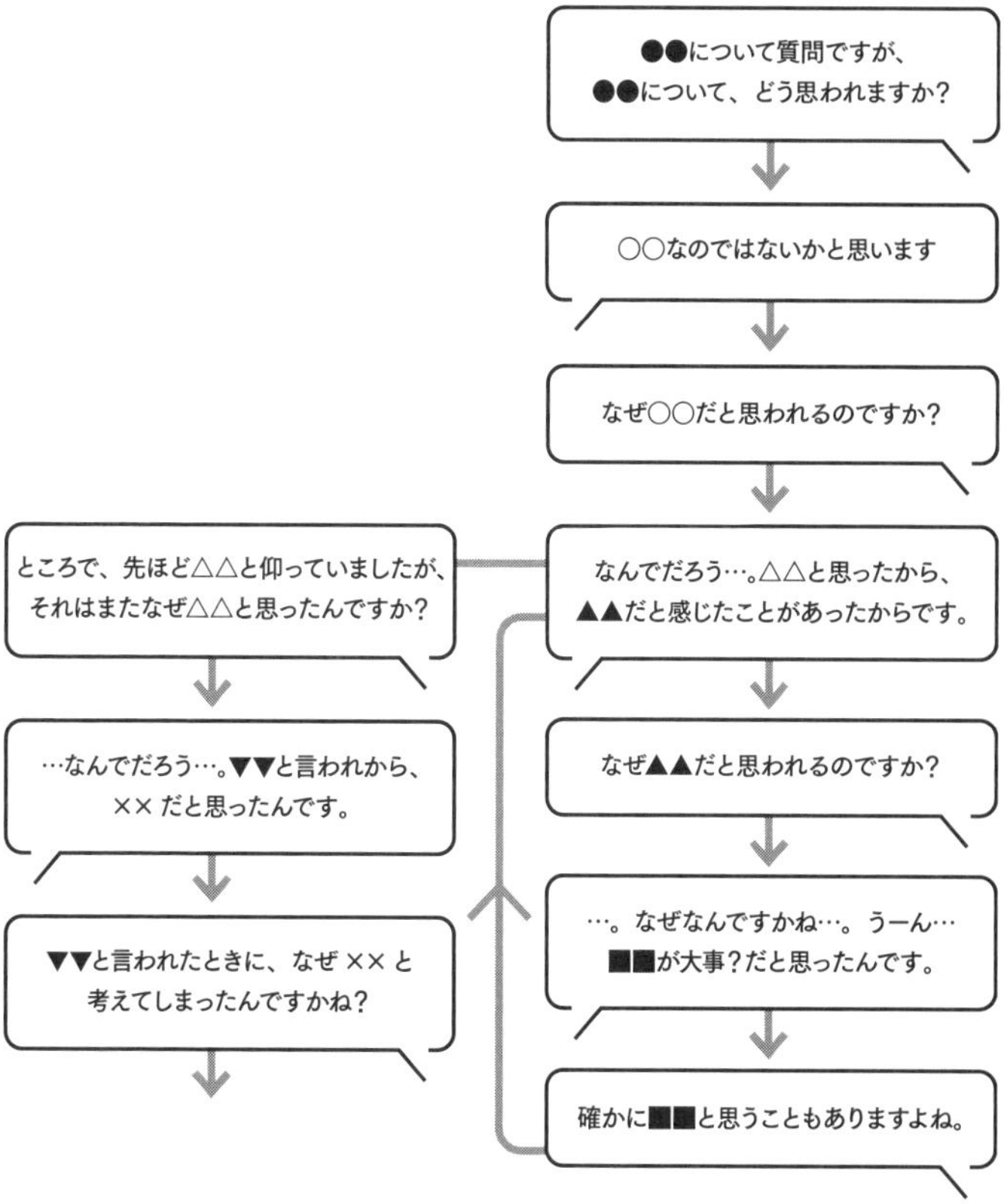

例えば、この図の中で、下向きの矢印は具体性を深める方向へ向かっていて、
上向きの矢印は、抽象度を上げる方向へ向かって話題転換をしている

ステップ4──観察モードに入るための「なぜ」で深掘りしていく

では、話の深掘りと変換をどんなバランスで行えばいいのか。

ラダーリング法によって下へ下へと質問を深掘りし、具体性を追求していくのはインタビュー全体の8～9割ほど。残りの1～2割は、話題転換のために違った角度から抽象度を上げる質問をする。ここで重要なのは、どんどん深掘りしていくためには「質問を続けるスキル」が必要になるということだ。慣れていないと、この深掘りしていく作業が難しい。1つアドバイスとしては、相手から出た回答に対して投げかける質問に、「なぜ」という言葉を枕詞のような形で付けてみると感覚がつかみやすいかもしれない。

「なぜ、そう思ったのか」「なぜ、それを選択したのか」「なぜ、その行動をとったのか」……など、相手の回答を分解して、「なぜ」その言葉が出てきたのかを追求することに集中すると、「観察するモード」に入りやすい。この、「なぜ」を繰り返しぶつけていく中で、違う因果が潜んでいそうだなという言葉をチェックしておくことで、次の「話題転換」もスムーズに行うことができる。話題転換の際に「ところで、先ほど〇〇とおっしゃっていましたが、それはまた、なぜそう思うのですか？」と、さらに別の梯子を下り始めるきっかけとなるからだ。このため、デプスインタビュー中は、インタビュイーの言葉をメモしておくことも重要だろう。なお、このメモも、はしごを下りていくようにメモを取ると構造が理解しやすい。書き取り続けると、話題転換の際にメモをさかのぼって、キーワードを見つけることができる。

ステップ5　深層心理の底にたどり着いては話題を転換する、を繰り返す

実際にインタビューしていく中で、ほかにも話を引き出すためのポイントとなることがいくつかある。

①沈黙を恐れず、回答を急かさない

インタビュアーが投げかけた質問に対してインタビュイーが回答する際、回答

が出てくるまでに時間を要する場合がある。この時、インタビュアーが次から次へと言葉をかけるようなことはしてはいけない。じっくりと相手の回答を待つ必要がある。回答に時間を要しているということは、相手が自身の深層心理を探っている証拠。ここで沈黙を恐れてはならない。むしろ、質問に対してすぐに回答できるようであれば、それはまだ無意識の深層心理にまで踏み込めていない状態を示している。

②言葉を変えて、投げかけ直す

とはいえ、ある程度待っても回答が得られず、ときとして本当に相手が困っている場合もある。この場合は、質問内容は変えず、質問する言葉を変えて質問してみるといいだろう。沈黙したまま考えているうちに、インタビュイーが何を質問されたか、忘れてしまう場合もある。この質問を変更する際のポイントは、相手の回答を導きたいとインタビュアーが意識してしまう方向に仕向ける言葉を投げかけない、ということだ。あくまでも、インタビュイーの言語化を待つ姿勢が重要となる。

③深層心理の底にたどり着くまで掘る

深層心理を深掘りする質問は、そのはしごの底に達するまで続ける。底に達したかどうかを判断するポイントとしては、質問に対する回答がループし始める瞬間、つまり、同じ回答が繰り返し出てくるようになる地点がある。この状態になると、その質問の深掘りの底に達したと判断していい。今度はそこまでに出た回答の中から気になったキーワードのところまでぐっと戻り、「話題転換」の質問をしていく。これまで具体を突き進んでいた状態から抽象度を上げ、話題転換を図り、さらにそのはしごを深掘りする質問を再びしていく。なお、この話題転換で、インタビュアーの想定の範囲を越えて、深掘りしたい話題とは一見まったく関係のない話題となる場合があるが、この流れを元に戻そうと意識してはいけない。むしろ、「全然関係のない話なのですけれど」と言われるような話は歓迎される。なぜならば、ここでつかもうとしているインサイトは、インタビュイーの無意識の深層心理を探っている。なんら関係のない話であるかのように思われて、実はそのエピソードの奥底に存在している無意識のインサイトが核心である場合が多い。ぜひ「自分ではまったく、またはほとんど気づいていないか、あるいはうまく説明ができないような思考プロセスであるものの、その結果として、消費者行動の源泉となっている心理」とした「無意識のインサイト」の定義を思い出していただきたい。

あとは、これを繰り返し行っていくだけだ。

なお、デプスインタビューをする際に非常に大切なことがある。星の数ほど存在する無意識のインサイトの中で、「経営戦略の方向性を定める上で、これが自分たちの課題に対して有効なインサイトであるかどうか」をどのように判断するのか、という点だ。

これについては、「マズローの欲求5段階説」を意識していただきたい。マズローの欲求5段階説とは、アメリカの心理学者、アブラハム・マズロー氏が考案したもので、下から「生理的欲求」「安全欲求」「社会的欲求」「尊厳欲求」「自己実現欲求」の5つの層から形成されるピラミッド型の概念である。いずれかの欲求を満たそうとする際には、そのすぐ下の欲求が満たされないと実現できないとされるもので、例えば尊厳を欲求する、誰かに認めてもらいたいという承認欲求は、その1つ下の階層の欲求である「社会的欲求」、つまり集団に所属していたり、仲間がきちんといるという欲求

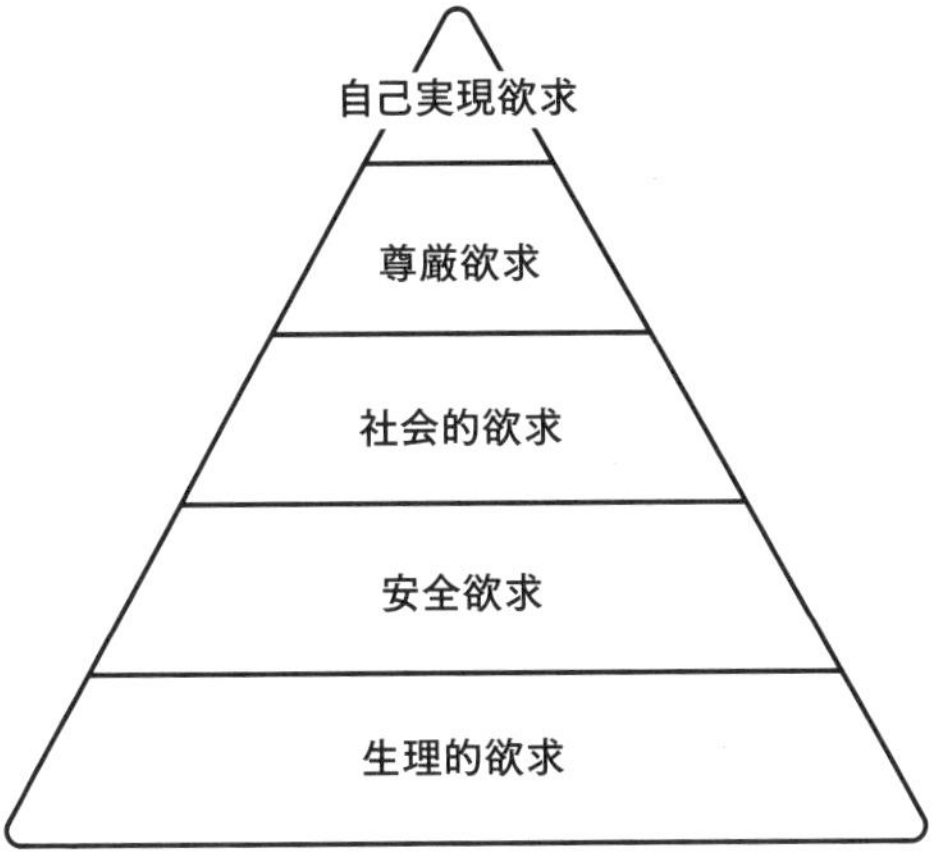

マズローの5段階欲求

が満たされていないと実現できない、とされている。

このマズローの5段階欲求は、下の階層にいけばいくほど、生死に関わるものとなる。一方で、インサイトブーストにおけるデプスインタビューで深掘りし、つかみ取ろうとしている「無意識のインサイト」とは、インタビュイーの深層心理の奥深くに存在する。この無意識のインサイトは、きれいごとではない、人のどろっとした欲望であったりすることがほとんどで、これはマズローの5段階欲求のかなり下のほう、「生理的欲求」のあたりに相当する場合が多い。

デプスインタビューで質問を深掘りしていく際、何を手がかりに深掘りしていけばいいかは、この、マズローの欲求5段階説の下の階層にリーチしていけているかどうかを意識しながら質問していくといいだろう。深層心理の底にたどり着き、生死に関わるようなどろっとした感情のすぐそばにある、もしくは、その感情が姿形を変えて存在している無意識のインサイトをつかみ取ることができる。

例えば、なんらかの強い想いから会社組織を興している経営者や個人には、そのあつい志の元となるような無意識のインサイトに、かつての自身の生死に関わるような原体験であったり、それまで信じていた価値観が180度変わるような原体験が存在していたりする。

詳細な説明は3章に譲るが、私がなぜデザイン教育に関わるキャリアを歩もうと考えたのかを例として、亡き恩師との別れのエピソードについて話をしてみたい。お恥ずかしながら、私には体重が40キロを切るまでに心身ともにボロボロになっていた時期がある。その様子を見ていた恩師は、「もうそろそろ元気を出しなよ」と、励ましのメールを送ってくれた。日頃から、恩師の自宅に伺っては、私はさまざまなことを相談してきた。その時も、また先生に話を聞いてもらおうと次に会う約束を交わしたのだが、約束の日の3日前に、恩師は病気の発作を起こし、帰らぬ人となった。亡くなるほど体調の優れない時に、教え子の心配をさせてしまったという、取り返しのつかないような申し訳ない気持ち。それまで夢にまで見たデザイナー人生を歩み、成功したい、と思っていた利己的な想いから、１８０度真逆の利他的な価値に気づくことになった。

「次の時代のデザイナーを育てたい」。しばしばそう口にしていた恩師の遺志を勝手ながら引き継ぎたいと感じた私は、その後、大学教員の道を目指した。この時につかんだ「無意識のインサイト」が、「自分の時間を後進のために使いたい」という思いである。私の人生の転機で意思決定したインサイトにも、生死に関わるエピソードが深く関係している。

インサイトブーストの第2段階・アイデア展開の方法

インサイトブーストでは、第1段階でキーパーソンの無意識のインサイトをつかむことができたら、次なる第2段階では、そのインサイトをブランディングにおける北極星、別の言い方をすると、ブランディングにおける核となる存在「ブランドコア」に据え、それを実現するためのアイデア展開をする。ここでは、デザイン思考の「Ideate アイデア展開」、「Prototype 試作」、「Test テスト」の流れにつなげていく。そのため、ここからは少しデザイン思考についても触れていきたいと思う。

デザイン思考が世に登場した頃、まだデザイン思考なる術がなんであるのかがよく分からない状況であったが、それがもたらす効果たるや、非常に大きな功績を挙げているとされ、デザイナーの職能にスポットライトが当たった瞬間であったと感じる。

本章の冒頭でも触れたが、ふたりのデザイナーを含む3人の共同設立者からスタートしたスタートアップ企業・Airbnb がこの手法を使い、2008年8月の設立から13年目の2021年2月時点で、時価総額10兆円を超えている。

驚くべきはその成長スピードだ。老舗企業の中には、100年以上の長い伝統と歴史をもって大きな資本力を築き上げてきている企業も少なくないが、彼らが10兆円超となるまでにかけた時間はわずか12年。こうしたメガベンチャーともいうべき巨人たちが使っている手法がデザイン思考とされて注目を集め、「創業から10年以内」「未上場」「テクノロジー企業」「時価総額10億ドル以上」という4つの条件を満たすユニコーン企業、さらにより大きい時価総額を誇るデカコーン企業の存在が聞こえてくるようになった。

しかし「デザイン思考には本当にそれほどの威力があるのだろうか」という声、また、デザイン側からは、「今までのデザインプロセスと何が違うのか」といった声も同時に聞こえてくるようになった。

デザイン思考の手法の1つとしてよく見かけるのは、付箋を使ったアイデア展開手法だ。数人のグループ内におけるブレインストーミング（以下、ブレスト）でアイデアを発散させ、情報を整理する手法の1つ、KJ法（たくさんの情報を、種類や内容、対象など関連性のあるもの同士でグループ化し、グループ間での相関関係や因果関係を明らかにしていく方法）の一部プロセスを使ってそのアイデアを収束させる。これを繰り返して、通常であればなかなか発想できないようなアバンギャルドなアイデアを閃かせ、これをビジネスに実装させていくのだ。

デザイン思考とは何か。本章の冒頭でも触れた通り、私はd.schoolのディレクターであるトーマス・ボス氏が行ったワークショップで、彼らが唱えるデザイン思考を実際に直接体験することができた。その経験から言うと、デザイン思考によるアイデア出しのパワフルさには、確かに納得できるものがあった。この経験も踏まえた上で、デザイン思考における「Ideateアイデア展開」のプロセスの意義を説明したい。

デザイン思考の成果を懐疑的に捉える方々の中には、例えば、短時間でアイデアを大量に出しはするけれど、果たしてその中にどれほどの〝スジの良い〟アイデアがあるのか、という指摘をしている人もいた。この点に関しては、ブレストの原則にもある通り、質より量を求めることに意味がある。

アイデア創出の支援をするアイデアプラントの代表で、私と同じ東北工業大学で教鞭を取る石井力重さんの言葉を借りれば、「良いアイデアは大量の駄案を出した後に出てくることが多い」のだ。つまり、ブレストのアイデア出しの際に、「こんなことを言ってしまっていいのだろうか」とためらってしまうと、それがブレーキとなってアイデア発想の邪魔をする。このため、これもブレストの原則の1つとされているが、「批判は後からするもの」と決め、とにかく思いつく限りアイデアを出す作業に専念することが大切となる。そして自由奔放に、かつ、ブレスト相手のアイデアに便乗してそれをさらに発展させながら、とにかく短時間でアイデアを出し尽くすことが必要となる。

【ブレストの4つの原則】

1. 批判厳禁
2. 自由奔放
3. 質より量
4. 便乗発展

このプロセスは、デプスインタビューでインサイトを深掘りしていく作業にも似ているところがある。デプスインタビューの際に、質問してすぐに返される答えは、すでにインタビュイーの意識に出てきている言葉であり、質問と回答のキャッチボールがスムーズに行われている間は、どこかで見たこと・聞いたことなのである。質問に対して、インタビュイー自身が「なぜだろう」と返答に詰まりだし、なかなか言葉にできないようになってきたところからが無意識下の深層心理に達し始めた証拠だ。デザイン思考のブレストにおけるアイデア出しもこれに似ていて、すぐに出てくるアイデアは、どこかで見たことがあるもの・聞いたことがあるものであることが大半なのである。

これをひとりで行っていると、出てくるアイデアの数もたかが知れている。デザイン思考におけるアイデア展開のフェーズも同様だが、インサイトブーストの第2段階であるアイデア展開フェーズにおいても、多くとも3〜4人程度の複数人グループでブレストすることを推奨したい。そうすることによって、「アイデアを出し尽くす」という部分に関して、最短かつ効率よくアプローチすることが可能となる。アイデア出しにおける、大量の駄案をまずは出し尽くす作業が大切だ。キラリと光る案は、アイデア展開の生みの苦しみの中から生まれることが多いのだ。

なお、余談ながら、デザイナーは何も、天才的な閃きを伴ってイメージを自分の外に可視化できるわけではない。複数の下案を描いては、「どこかで見たことがある」と、没案になる。すらすらとデザイン案が出てくるうちは、そのデザイナー自身がどこかで見たことのあるものであって、これもつまりは、デザイナーの意識に上がっているイメージを、スケッチを描くという作業を通じて自分の身体の外に出し続けていく作業が存在する。

キラリと光るグッドアイデアのきっかけは、そういった下案となるスケッチを描いて描いて描き尽くし、頭を抱えて悩み出したところで、自分の描いたアウトプットを客観的に俯瞰する作業を通じて見つけられることが多い。この作業の果てに可視化されたイメージを見て、「そうか、自分はそんなふうに考えていたのだな」と、そこで初めてデザイナー自身が自分のイメージを認識できる瞬間がある。ここで次に行われることは、自分の目の前に描き出されたイメージと、そもそも当初にイメージしていたビジョンとのギャップを感じることである。いうなれば、理想と現実のギャップを感じながら、自分の目の前にあるアウトプットのどこをどう変えたら理想として描いていた姿に近づくのだろうか？　と試行錯誤する。

デザイン思考はデザイナーの物事を考えるプロセスを使っているとされているが、共通している部分は、まさにそんなプロセスなのだと感じている。

アイデアのほとんどはすでにどこかに存在しているもの

では、それほど多くの案を出してつかみ取るアイデアに、どれほどの価値があるのか。少し違う角度からも説明してみよう。

まずは、ここで一度本書を読み進める手を止めて、紙とペンを用意していただきたい。その紙とペンを使って、5秒以内に線画で魚の絵を描いてみてほしい。

さて、みなさんが描いた魚の絵は、その顔が左を向いてはいないだろうか？　NHKの番組『チコちゃんに叱られる！』の2020年3月27日の放送回から引用すると、実は、この線画を描いてもらうと、おおむね9割の人が左向きの魚を描くという。もちろん、9割の人がそう描くといわれているだけで、1割の人は違う向きの魚の絵を描く。

ここからいえることは、誰かに何かを想像してもらう際、9割の人が同じイメージを持つ可能性があるということだ。つまり、これがビジネスをはじめ、なんらかの新規性や独自性を伴うアイデアを出さねばならない場合なら、すぐに思いつく案は、すでにどこかに存在しているアイデアである可能性が高い、ということである。いわば、ここで生みの苦しみを伴ってまで求められる新規性や独自性は、必要不可欠な要素であるともいえるのではないだろうか。

ただ問題なのは、デプスインタビューで経営戦略にとって重要かつ有効なインサイトをつかみ取ることも、それを核としてアイデア展開し、新規性を伴うアイデアを創造することも、決して容易ではないプロセスであるということだ。

この2つを組み合わせ、生みの苦しみを経てこそ、新規性、もしくは独自性を伴うアイデア創出の可能性が期待できる。これらの苦しいプロセスを経るインサイトブーストだからこそ、デザイナーの職能を経営の世界に結びつけられる可能性が生まれると私は信じている。

インサイトブーストによるブランディングの効果

インサイトブースト事例1――スーパーマーケットが抱える売上低迷問題の本質

ここまで伝えてきたインサイトブーストについて、私は大学でも教えている。その授業の中で、学生たちに取り組んでもらった課題がある。

出した課題は、クリスチャン・マスビアウ氏著、斎藤栄一郎氏翻訳の『センスメイキング 本当に重要なものを見極める力』（2018年）に出てくる事例を引用したものになっている。
皆さんの家の近所にも、スーパーマーケットがあるのではないだろうか。この事例では、そんな私たちの生活に欠かせないスーパーマーケットが抱える売り上げ低迷問題の本質を、インサイトブーストを使ってひもといてみる。

まずは次に述べる状況を理解した上で、皆さんはブランディングの相談を受ける立場であると想定しながら読んでいただきたい。スーパーのブランディング担当者が相談に来た時、皆さんだったら、どう対応するだろうか。また、何を「問題の本質」ととらえて、そのアイデアを発想するだろうか。

〈『センスメイキング 本当に重要なものを見極める力』掲載の前提となる状況〉
このスーパーマーケットは、進出先地域で一時は40%のシェアを確保していたが、徐々にシェアを落としつつあった。文化の移り変わりを考えると、シェア拡大の可能性は低かった。そこで、来店客の消費促進に取り組むことで、客単価を増やそうとしていた。健康志向のオーガニック食品に力を入れれば目標達成は可能というのが、同社の見立てだった。ところが、仮説どおりに事は運ばず、どこから手をつけたらいいのか分からなくなってしまったのである。

なおこのスーパーは、経営学的な手法に基づく膨大な知識があった。店舗で買い物中の顧客の動きも把握していた。売り値による客単価の変化も、混み合う日曜の午後にも十分に対応できる駐車場の収容台数も押さえていた。店舗ごとの食品品目数、価格やＳＫＵ（最小在庫管理単位）の状況を説明させれば立て板に水だった。

しかも、このスーパーは「対象セグメント」も完璧に理解していて見事なものだった。顧客区分ごとに抽象的なセグメントモデルも用意されていて、例えば夕方来店する25〜38歳の女性客（仕事を持つ母親）が主に購入する商品も、さっと調べることができた。また客単価を最大化するにはどのくらいの通路幅が必要なのかとか、オーガニック食品に振り向けられるフロアスペースの割合なども正確に計算していた。

〈授業内で出題した課題〉

以上の状況を前提として、あなたは今、スーパーのブランディング担当者から相談を受けている。まずは客のひとりにインタビューをする機会を持つことができたため、ヒアリングを実施することとなった。

以上ここまでが、学生たちに説明した、〈前提となる状況〉と〈出題した課題〉だ。なお、マスビアウ氏の『センスメイキング 本当に重要なものを見極める力』には、1つの答えが書かれている。ただし、私は実際にインタビューにインタビューし、『センスメイキング 本当に重要なものを見極める力』とは異なるインサイト、かつ、経営戦略策定において重要となり得る可能性を秘めた無意識のインサイトをつかんでいる。この本を読んでくださっている読者の皆さんにもぜひ、本書を読み進める前に一度、ご自身の身近にいる、スーパーマーケットを利用する25～38歳の女性（仕事を持つ母親）に対して、「スーパーマーケットがこんな状況なんだけれど、なぜだと思う？」と、デプスインタビューを実施してみていただきたい。

ところで、無意識のインサイトに対する意識なくして、この問題の解決を試みるとするならば、どんな方法があるだろうか。インサイトブースト実施前にこの課題に対して学生達から出た打ち手のアイデアとしては、例えば、マーケティングのフレームワークからSTP4P[※2]で考えてみて、そもそものセグメントを変えてみる。または、実店舗だけの展開に限定しないとしたら、オーガニック食品を配達してみてはどうか？　といった案が出ていた。さて、どうだろうか。確かに理にかなっていそうな気もするが、誰でも思いつきそうな案である。HOWの部分となる、〝どうやって〟を決める前に、そもそもこの問題は、本質的には何が問題なのだろうか。

皆さんは、インタビュイーの心の深層に存在する無意識のインサイトとして、何が存在していたと思われるだろうか？

次を読み進める前にぜひ、自分なりにこれが原因だったのではないか……と一度考え、結論を出してみてほしい。その上で、左ページのQRコードから、〈前提となる状況〉の中に登場する女性客の条件に合致するインタビュイーに、実際に私が実施したデプスインタビューの詳細な流れをご覧いただきたい。なお、できればスマートフォンではなく、大きな画面でご覧になることをおすすめする。

（※2）STPは、セグメンテーション（Segmentation）・ターゲティング（Targeting）・ポジショニング（Positioning）の頭文字を取ったもの。4Pは、製品・サービス（Product）・プロモーション（Promotion）・流通（Place）・価格（Price）。

〈デプスインタビューの概要〉

なおこのインタビュイーは、「スーパーの売り上げが低迷しているけれど、それでも自分はこのスーパーを使っている」という客である。実施したデプスインタビューの要点を以下にかいつまんで記載したい。

実施したデプスインタビューでは、

「お金の価値観を子どもに伝えたいという気持ち」

が比較的浅い層に存在していた。デプスインタビューで具体化と抽象化をしながら、なぜそう感じるか、心理を深掘りした結果、深層には、

「身近には働かずに子どもの要望にたくさん応えるお母さんがいる一方で、それを選んでいない自分に罪悪感を感じる」

ターゲット想定のインタビュイーに対して実際に私が行ったデプスインタビューの詳細

※指でのピンチイン／アウトで拡大縮小はせず、ズームツールから拡大してご覧いただきたい。

「自分から遠くとも、社会でつながっている人の存在を伝えたい気持ち」

といった心理があり、さらにその理由の帰属先として、

「職業の違いは偉いか偉くないかの差ではなく、働くことは尊いことであり、母である自分も働いていることを伝えたい」

というインサイトを得ることができた。ひと言でいうなれば、私が結論づける、売り上げ低迷で困っているこのスーパーをそれでも使い続けるユーザーの根底にある心理は、

「自分が頑張っていることを知ってほしい、認めてほしい」

というインサイトである。

さて、この結果をどう感じるだろうか。よく考えられがちな対処策とは異なり、スーパーの売り上げ減少と直結していないように感じられる。しかし、この無意識のインサイトに共感した人は多いのではないだろうか。もしくは、この〈前提の条件〉に出てくる25～38歳の仕事を持つ母親がパートナーにいる男性の中には、実際にたどり着いた無意識のインサイトである「自分が頑張っていることを知ってほしい、認めてほしい」という言葉を言われたことがあるという人もいるのではないだろうか？

ここで、思いを巡らせてほしいポイントが2つある。

1つめは、このスーパーが大事にすべき客、つまりスーパー側が選ぶべき客とはどんな理由で店に通ってくれている人物なのか、ということだ。確かに、何が原因で客が離れていったのかを知ることも重要だろう。しかし、ブランディングの最大の目的は「自分のファンを作ること」である。その観点から、売り上げが減っていく状況下でも、自分たちの店で買い物し続けてくれる客は、なぜ自分たちの店を選んでくれたのかを知ることのほうが重要なはずだ。分かっているようで分かっていない、この心理をまずはしっかり把握しておく必要がある。

2つめは、その大事にすべき客とは、どんな人物なのか。どこに住み、どんな生活をしていて、自分たちの店がその人にとってどんな存在であるか。その人が自分たちの店で夕食の材料を買うことには、どんな意味があるのか。さらにいえば、自分たちはその客にとってどんな存在でありたいか――これらを理解することは、ファンをつかむ上で非常に重要だ。

ここだけ読めば、いわゆる「ペルソナ」の設定をすることと同義と思われる人もいるかもしれない。しかし、インサイトブーストでは、ペルソナの設定は行わない。なぜか。ペルソナは、ある人物の特徴とある人物の特徴を組み合わせて、架空の人物をつくり上げる手法だが、結果、存在しそうでしない、架空の「何者か」を生み出してしまいかねないからだ。さらにいうなれば、ペルソナをつくってしまうことで、あたかもそのような人物が実在しているように感じて安心し、いざ前提を疑う必要が出てきた際に思考停止を招く結果に陥りがちだからだ。

ビジネスの場面で設定されるペルソナには、たいていの場合、生み出した自分たちが「こういう人に選んでほしい」と考えている願望に都合の良い条件が組み込まれている。しかし、そんな都合の良い人がそうそういるはずはない。そんな時は、あなたの身の周りにいる、具体的な個人に当てはめて考えてみるといい。「ああ、いるいる！これ、ウチの嫁さんだ！」とか、「これ、ウチの母親！」となれば、相当なリアリティが伴われてくる。その、超具体的ないち個人にとって、スーパーはどんな存在なのか。もう少しいうと、自社はどうなりたいのか、これを考えることが大事になってくる。

なお、ここで伝えたい超具体的ないち個人の位置付けは、ペルソナではなく「ブランドパーソナリティ」という。簡単に説明すると、そのブランドを擬人化したらどんな人か？　ということだ。例えば、株式会社スマイルズが展開するスープストックトーキョーには「秋野つゆ」さんという〝架空の人物〟がいて、ペルソナとして設定されているらしい、という話がかつて広まったことがあった。しかし、２０１９年当時にクリエイティブディレクターであった野崎亙氏（２０２４年現在、取締役社長）が、自身の著書『自分が欲しいものだけ創る！　スープストックトーキョーを生んだ『直感と共感』のスマイルズ流マーケティング』（２０１９年）の中で触れた通り、スープストックトーキョーはペルソナマーケティングをしていない。「ブランドの擬人化#ペルソナ」として、スープストックトーキョーというブランド自体を擬人化して、いわゆるペルソナでなく、ブランドそのものを「スープストックさん」に見立てている、と述べている。つまり、秋野つゆさんとは、スープストックトーキョーというブランドそのものを擬人化したスープストックさんであると言える。これは「ブランドパーソナリティ」であると理解することができる。ブランドパーソナリティの設定の効能は、それに似た人たちからの共感を得ることだ。ここで、ブランドパーソナリティを詳細にイメージする想像力が大事になってくる。

〈アイデア展開につなげた、インサイトブーストの解決策事例〉

この「有効となる無意識のインサイトをつかみ取る」ことなくして、デザイン思考から次に続くアイデア展開、ブランディング戦略、イノベーション戦略を描いたところで、それらの戦略は目的を達成することができない。つまるところ、「気づくことが難しい、経営戦略策定において重要なインサイト」をつかみ取れていないからだ。これこそが、デザイン経営がうまくいかない理由だと私は考えている。

なお、私がインサイトブーストを教えている授業では、この「有効となる無意識のインサイト」をつかんでから、アイデア展開を行って解決策を考えてもらう、というところまでを実施している。アイデアレベルではあるが、なかなかユニークな案が出てきて面白いので、2つほど学生たちのアイデアをご紹介したい。

アイデア①　商店街の肉屋のおじさんが、時間限定でスーパーでもコロッケを揚げて売り、働くお母さんのちょっとした話し相手になってくれる提案

「商店街の肉屋さんが揚げるコロッケって、なんであんなにおいしいんだろう」というアイデアから展開されたもの。『サザエさん』でいうところの「三河屋のサブちゃん」のように、スーパーマーケットの店内で、〈前提となる状況〉の中で顧客と設定された夕方来店する25～38歳の仕事を持つ母親と、スーパーの売り場店員とのコミュニケーションにおいて、もっと個人対個人の気持ちのやりとりがあったら。夕食の食材を買うプロセスで、「昨日も来てくれたから、今日は1つおまけしちゃうよ！」とか、そんなちょっとした会話をすることができたら、忙しい時間帯の中での買い物でも、少し気持ちが緩んで笑顔になれる瞬間が生まれるのではないか。そうなれば素敵だなぁ、という提案。

アイデア②　土日限定、子どもの初めてのお使いサポートサービスの提案

事前申し込み制で、警備員のおじさんが、自宅とスーパーの間の子どもの移動を少し離れた距離から見守り、初めてのお使いを成功させてくれる、というサービスを提案。「誰かのために働くことの意義を伝えたい」という、インタビュイーの根底にあった無意識のインサイトをくみ取った。我が子に、自分の力でちょっとハードルの高いお手伝いを成し遂げてもらうことで、誰かのために働く意義を感じてもらう、というものだ。子どもが身につける目印をスーパー側の店員が見つけたら、スーパーは熱烈歓迎し、熱烈応援する。他人でしかなかったスーパーのレジスタッフから応援されることで、社会の見知らぬ誰かも、体温を持つひとりの人なんだと感じてもらう、という提案。

いかがだろうか？　オーガニック食品を使って売り上げ単価を上げるにはどうしたらいいか、とだけ考えていたら、まず出てこないアイデアになっている。忘れないでもらいたいのは、ブランディングの最大の目的は、「自分のファンになってもらうこと」。ファンになってもらった結果、次の購買行動につながり、売り上げも上がる。その視点から、学生たちのアイデアは、インサイトブーストを使った「らしさ」のあるなかなかユニークなものであったと評価している。

インサイトブースト事例2 ―― みんなのベース

次に、株式会社みんなのベース（以下、みんなのベース）で実践した例についても紹介していきたい。

みんなのベースは青森県八戸市に拠点を置き、メンタル不調が理由で休職せざるを得ないものの、自らの意志で社会復帰を目指す人たちに対して、衣食住を提供して生活を共にし、支える事業を実施している。

代表取締役社長である河原木俊幸さんとは、創業準備の頃から定期的に時間を設け、オンラインツールであるＺｏｏｍを使いながら膨大な対話を重ねてきた。創業準備段階から、新しく始めるビジネスのデザイン面、ブランディング面で力を貸してほしいと声をかけていただいたことがきっかけで、このインサイトブーストを日常的に行うに至っている。

みんなのベースにおいて、インサイトブーストはどんな課題に対して貢献することができてきたか。端的にいえば、経営者自身がなぜそのビジネスを行いたいのかという、志ともいうべき想いの解像度を上げること。言い方を変えると、ブランディングにおける北極星となる「ブランドコア」をより明確にする点において、特に貢献することができている。

この次の事例でご紹介するＲＡＣでも同じことがいえるが、新たに起業しようとする際、経営者自身がこれまでに経験してきた、その業界に身を置いてきたからこそ理解できた問題点、気づけた現場感があり、これを解決したいがために、その方法として起業という手段を選択する。みんなのベースやＲＡＣに限らず、ほかの起業においても類似のケースをよく見かける。だがしかし、「なぜその問題をあなたが起業という選択をしてまで解決したいのか？」と改めて問うと、「はて、なぜだろう？」と思い悩まれるケースも同じくよく見かけてきた。起業に際して自分が感じてきた問題を解決したい、というのは、経営者自身にとっては当たり前すぎることであるがために、改めて問われてみると、うまく言語化できない。こういった場面でインサイトブーストが役に立てるのは、なぜそのビジネスをしたいと考えたのかという、その想いの解像度を上げる点においてだ。

本章の冒頭でも紹介した、ＲＡＣの代表理事・彩さんの言葉を再掲したい。インサイトブーストは、「大きなボールを狙うのではない、ピンポン球サイズの極小の的を鋭く射貫いてくるすごさがある」。デザイン思考やデザイン経営という枠を越えて、経営における北極星を見つけ出し、その北極星に向けて取るべきユニークかつ有効なアクションを策定することができる。みんなのベースで果たすことができている貢献も、まさにこの点であることを申し添えておきたい。

そして、みんなのベースについて詳細を説明していく前に、念のためにここで「障がい」の考え方について触れておきたい。障がいがある人という際に指す「障がい」

という表現には、会社や人の哲学にも似た考えから使われ方に差異が出る。みんなのベースでは、害がある人なんていないという哲学から、「害」という漢字を使うことを避け、「障がいのある人」という言葉を使っている。この本の中では「障害」と「障がい」、2種の表現が混ざるが、いずれも企業の思想にかかわる部分であり、あえて使いわけをしていることを理解いただきたい。

河原木さんがみんなのベースを立ち上げる前に理事として勤めていた社会福祉法人は、河原木さんの家族が経営していた法人で、河原木さん自身が育ってきた環境には、障がいがある人たちの姿が日常的にあった。

河原木さんの場合、彼らと日常的に接する中で、その可能性を感じるようになったという。できること、できないことはあるものの、環境さえ整えば、彼らも障がいがない人と同じように働き、同じような給与が得られ、自分らしく生活することができるのではないかと感じていた。

日常の中で接してきた障がいがある人たちの存在は、河原木さんにとっては放っておけない存在であり、共に生活をしてきた、いわば家族に近い存在である。そして、河原木さんが感じる障がいがある人たちの可能性は、人づてに聞いたものではなく、自身の実体験から得たものであり、誰もが得られるものではない深い説得力を伴う。

ここで少しイメージしていただきたい。ここに至るまでの説明の中で、私は障がいがある人たちの可能性と、河原木さんにとっては障がいがある人たちは放っておけない存在である、ということを書いた。しかし、障がいがある人が身近にいる経験を持つ人でなければ、ここでいう、可能性や放っておけない存在という感覚は、理解するのが非常に難しいし、伝えることも非常に難しい。

リアルを知らない限り、障がいのある方々がどんな日常を過ごしているのか、どんな瞬間にすごく良い笑顔になるのかを想像することができない。また、それを知っている側も、いかに言葉を尽くしても、その素晴らしさを、リアルを知らない人に伝えることは非常に難しい。インサイトブースト実施前、河原木さんの志の解像度を上げることを困難にしていた理由には、この言語化の難しさが要因としてあった。ここから、時間をかけて対話を重ねた結果としてつかみ取ったのは、「家族のような存在の人たちが社会とうまく関わることができないこの状況をなんとか改善したい」という、河原木さんの切実なる無意識のインサイトだ。

これは河原木さんに限ったことではないが、経営者が自身の深層心理の奥底に存在する無意識のインサイトを見つめながら、「そもそもなぜ、自分はこれから成そうと考えていることを成したいのか」を洗練された言葉にできていることはまれである。そもそも自分自身が何をどう認知しているのかを改めて問われるデプスインタビューは、問いかけられた質問に対して、熟考ゆえの長い沈黙を伴って、ぽつりぽつりと言葉が紡ぎ出される。インタビュイーにとっても、自身の無意識下の深層心理を深掘りしていく作業のため、そもそも言葉になっていないことがほとんどだからだ。インサイトブーストを使う側には、深層心理の奥底の細部を見つめる力も必要だが、それら全体を俯瞰し、点と点をつなぎ合わせる力も必要になってくる。

そのようなプロセスを重ね、経営者の理念を可視化する。デザイナーの職能の1つに、「まだ目に見えない概念を可視化する能力」があるが、まさにこういった部分につながってくるのだろう。

インサイトブーストとは、デプスインタビューでぽつりぽつりと語られ、得られたその言葉を経営理念の核心に据え、そこから「どうしたら経営者の想いが、組織内外の区別なく、このブランドに接する人たちに理念として伝わるか」「誰が見ても一貫性を持ったメッセージとなるか」「経営戦略の打ち手が組織のアクションとして嘘偽りのないメッセージと成り得るか」という視点からさまざまなアイデアを考え、ブーストさせるものである。

みんなのベースの場合は、代表である河原木さんから語られた無意識下の深層心理にあった言葉から、みんなのベースの理念を書いた。ご紹介したい。

ともにつくるワクワクした未来

自分の意志で頑張ろうとするご本人の可能性を最大化したい。

苦も楽も共にする生活の良き伴走者でありたい。

これを実現するためには、
受け入れてくださる地域との信頼関係を欠かすことができません。
ここに最低限必要なのは、その地域における、
みんなのベースとなる家なのではないだろうか。
「おはよう、いってらっしゃい」から「おやすみ、また明日」まで。
私たちは、社会課題の解決に取り組んでいます。

みんなのベースという社名も、私がこの理念を河原木さんと一緒に書き上げる中で提案したものだ。デザインのセンスが良い必要はあるが、無理に奇をてらう必要はなく、むしろシンプルで、誰に語りかけても伝わるものになっている必要がある。そういった意味でみんなのベースのこの理念は、必ず協力を得る必要がある地域社会の人たちへのメッセージ、家族がいる人ならば、誰もが語りかけられた経験があるであろう言葉、河原木さんが向いている社会の方向性への眼差しと、何より、河原木さんがこれまでに生きてきた中で実現したいと願う想いを書き上げた。

みんなのベースを非言語の観点から表現する写真とともに、このメッセージは彼ら

のウェブサイトの「わたしたちについて」の中で見ることができる。誤解を恐れずにいうならば、河原木さんたちの事業は、日本でそれほど多くの注目を集める分野ではないだろう。それでも、創業から5年たった時点で、ウェブサイトを訪れるページビューの数は月1200以上を超えるようになった。採用面接の際には、この理念を読んだ求職者たちから、「こんなにキラリと輝く想いで事業をしている経営者がいるのか」と、驚きをもって受け止められていたという声を、実際に多数、耳にする。

私が行っているアートディレクションの方向性と、みんなのベースをカメラに収め続けているカメラマンは、創業当時から変わっていない。みんなのベースのブランディングを語る上で、撮影される写真は切っても切り離せない重要な役割を果たしている。

人と人とのコミュニケーションは、言語によって成り立つ部分が大きい。日常的に誰かと会話をする際に、私たちは当たり前に言葉を発して意思疎通を行うし、本を読む行為も、仕事でテキストを読む行為も、言語を介して意思疎通が成り立っている。しかし、私たちが「何かを認知する」方法は、言語を通すことだけが唯一ではない。言語でのコミュニケーションに対して、もう1つの大きなコミュニケーションの方法

――非言語、つまりノンバーバル・コミュニケーションという世界が存在する。

みんなのベースで暮らす人たちは、大なり小なり、皆さんメンタルの不調を抱えている。彼らが日々、どんなふうに生活をして、どんなふうに仕事をしているのか。そこでの葛藤や努力、その結果に溢れる笑顔――先にも説明した通り、どんなに言葉を尽くしても、「身近にメンタル不調を経験した人がいた」という実体験を持たなければ、そこで輝いている彼ら／彼女らの素晴らしさを理解してもらうことはなかなかに難しい。

私がアートディレクションを担当した時、これを100％言葉のみで伝えることは不可能だと感じた。むしろ、多くの言葉を用いれば用いるほど、伝えたい相手に届かないという事態に陥る。逆をいえば、言語では伝えられない領域だからこそ、デザインがその本領を発揮できる場面であるともいえる。私は河原木さんに、ノンバーバル・コミュニケーションの力を存分に使うことを提案した。

みんなのベースで暮らす人たちがどんな笑顔を見せるのか――現地に行って、その瞬間をたくさん写真に収めた。言葉で多くを語らなくとも、彼らの笑顔がすべてを物語っている。それを伝えることが、みんなのベースのブランディングにおいて、とても重要なことであると考えた。

アートディレクターのイメージを可視化するのが、制作スタッフの役割である。アートディレクターとデザイナーは同一人物であることが多く、みんなのベースの場合も、アートディレクターとデザイナーは共に私が担当している。

一方で、私のイメージを、撮影を通じてアウトプットしてもらうカメラマンには、相応の実力を求める。みんなのベースの撮影をお願いしているカメラマンは、人のナチュラルな表情を捉えることがすごくうまい。自然な笑顔をたくさん収めてくれているのだが、そういった写真に限って、撮影されている被写体となっている本人は、いつシャッターを切られていたのか、気づいていない。それくらい、我欲を排除し、無になることに徹底したプロフェッショナリズムを感じる。

そんなみんなのベースの写真を、ぜひウェブサイトを訪れてご覧いただきたい。本書ではモノクロになってしまうので、ぜひカラー写真を掲載している彼ら／彼女らのオフィシャルウェブサイトをご覧いただけたら幸いだ。これらの写真を見ると、非言語の力を存分に使って、言語では伝えるのが不向きな部分を十二分にカバーしているということがご理解いただけるのではないかと思う。

そして、お気づきになるだろうか。みんなのベースは2018年2月に創業しており、最初に撮影したものについてはすでに5年以上の月日が流れている。しかし、こうして創業の頃からの写真と5年以上の年月がたった現在の写真が混在したとしても、なんの違和感もないどころか、すべて同じ時期に撮影されたかのような写真にさえ感じられる。そう感じられるように、ディレクションを続けてきたからだ。

ブランディングの力は、こうしたところにある。創業から5年以上の時間がたつまでに、もちろん会社のフェーズは大きく変化している。河原木さんがひとりで会社を立ち上げた頃から、スタッフは30人を超えるようになり、事業所の数も1カ所から5カ所にまで増えている。会社のフェーズは変わ

みんなのベース
www.minnano-base.co.jp

著者が手がけたみんなのベースのクリエイティブの詳細はこちらからご覧いただきたい。

るし、みんなのベースから発信するメッセージも変化しているが、そのメッセージの方向性や語り口は創業時から一貫してきた。

ブランディングは10年で1期間とはよくいわれるが、経営者の無意識下の深層心理から会社経営にとって重要となる無意識のインサイトをつかみ取り、そこから理念を定めると、ブランディングの方向性にもブレない強さが出てくる。ここでは、非言語の領域である、ノンバーバル・コミュニケーションの力を最大限に引き出し、デザインできるかが重要になってくるのだ。

〈ブランディング＝ファンづくり〉

1つ、みんなのベースのブランディングを語る上で、象徴的な出来事をご紹介したい。創業から4年がたった頃、みんなのベースで事業所火災が発生してしまった。創業から3年目の壁を越え、これから新しい事業所を増やしていこうとの想いを抱いていた矢先に発生した火災だった。これによって、みんなのベースの財務は厳しい局面を迎えた。

住まいを失ってしまった利用者の方々のために奔走する河原木さんの姿を見て、ふと、私が「カンパを呼びかけたい」と伝えた。その話を聞いた河原木さんいわく、応援をいただけたとしても、どうやってその気持ちにお応えしたらいいかわからないので、辞退したいという。

「やってみなければどのくらい集まるのかも分かりませんし、届いたカンパは皆さんが河原木さんを応援したいという純粋な気持ちです。応援してくださる方々の気持ちを受け取る想いで、集まったカンパを使えばいいのだと思います」

そう、伝えた。

河原木さんには、「振込先となる銀行口座を教えてください」とだけ伝え、口座情報を教えてもらった。あとは私のほうで、河原木さんのビジネスのことを知っている人が多いであろう、心当たりのあるコミュニティー2カ所に投げかけ、応援してくださる方はお知らせください、とカンパを募った。カンパしたいと申し出てくださった方には直接河原木さんの口座情報をお伝えし、振り込んでもらった。

受け付けた期間は10日ほどだったが、45名から、総額約80万円が集まった。平均して、ひとり1・8万円弱の支援を寄せてくれたことになる。

この時、河原木さんは事業所火災の対応に追われていたため、このカンパについては特に何もアクションをしていない。数日後の月末の通帳記帳の日、とても驚いた河原木さんから連絡が届いた。「通帳が大変なことになっちゃってる。このご支援にどうやって感謝を伝えたらいいだろうか」と。

もちろん、そのお金を使ってご支援いただいた方々に何かお返しをするのは本末転倒だ。河原木さんと相談し、カンパを呼びかけたコミュニティーに、感謝とお礼のメッセージを投げ、支援してくれた人たちだけが見られるウェブページをつくり、そこで感謝の想いを伝えた。

と、ここまで読んで「なぜこの話がブランディングを語る上で象徴的な出来事なのか」と感じた方もいるだろう。しかしこれは紛れもなく、企業がブランディング整備に取り組んだ恩恵が、目に見える形になった一例だ。

そもそも企業がなんのためにブランディングに取り組むか。それは、ファンをつくるためである。売り上げを上げることはもちろん大切なことではあるが、何よりまず、ブランドのファンをつくることがブランディングの目指すべきゴールだ。きちんとブランディングをし、その施策をきちんと打てば、結果として売り上げはおのずとついてくる。

株式会社電通の「サトナオ・オープン・ラボ」が2011年に発表した、ソーシャルメディアに対応した消費行動モデル概念「SIPSモデル」の中に、そのブランドへの参加者のことが書かれている。この参加者の中で、一番熱量の高い人たちを「エバンジェリスト＝伝道師」と位置づけるが、彼らをエバンジェリストと呼ぶには条件がある。それは、そのブランドに割く可処分時間が多いこと、つまり、人の持つ1日24時間の時間のうち、特に何も見返りはなくとも、そのブランドに割く時間の割合が多い存在をエバンジェリストと呼ぶ。ブランディングにおけるゴールは、このエバンジェリストを増やすことであると定義できる。皆さんには、事業がなんらかの不幸に見舞われた際、見返りを求めずに共感し、アクションを起こしてくださるファンがどれくらいいるだろうか。

ここで紹介したみんなのベースのカンパの事例は、事業所火災という不幸がきっかけにはなったものの、河原木さん自身は特に何もアクションを取っていない。むしろ、河原木さんの近くでその様子を見かけ、声に出してしかるべきところに発信した私の行為が、多くのカンパにつながった。組織の中に向けたブランディングがインナーブランディングである。その観点からすると、私自身の立ち位置も、みんなのベースにとっては近いところから応援しているエバンジェリストのひとりであるといえるかもしれないが、私が河原木さんのことを投げかけた2カ所のコミュニティーは、私のことをよく知っている人よりもむしろ、河原木さんのことをよく知っている人たちが多くいるコミュニティーであった。ブランディング活動が、そのブランドのファンをつくることを目的とし、それがどのような形で巡り巡って自社に戻ってくるのか。良い事例の1つになっていると感じている。

この活動をしていた最中、カンパを寄せてくれた人たちは必ず私と対話し、支援を決めてくれた。改めて、あの時支援してくれた方々に感謝するとともに、みんなのベースは、この感謝を忘れない。

インサイトブースト事例3　RAC

続いて、RACの事例をご紹介したい。

RAC（ラック）は、人の里親制度を普及啓発する目的で活動している非営利型の一般社団法人で、私を含め、経営大学院で出会った4人の理事と監事のメンバーで活動をしている。

RACの活動のエンジンになっているのは代表理事の彩さんで、本業である歯科医師としての活動をしながら、経営学と公衆衛生学のマスターを取得し、社会的養護・社会的養育の分野に造詣が深い。彼女のこの分野における熱量には圧倒される。

彩さんと同じ経営大学院で授業を学ぶ中で、彼女がなぜ人の里親制度に関わる活動がしたかったのか、その想いを多くの場面で聞く機会があった。まずはその想いを振り返ってみたいと思う。

彩さんが幼い頃、自分と同い年の子どもが児童虐待によって亡くなったというニュースが報じられていた。そのニュースを新聞で見つけた母親から、「あなたがもし児童虐待されることがあったら、隣の家に助けを求めて逃げるんだよ」と言われて、いやいや、児童虐待するとしたら私の親である両親であるわけで、虐待なんてする両親ではないじゃないか、不思議なことを言うと感じながら彼女は育ったという。まだ幼かった当時、「大人が子どもの本当の声に気づかないから虐待が起こるのだ」と感じていたと彼女は言う。

高校生になると、友人との会話から「医者よりも役に立って、かつ医者にできないことは何か」という考えを巡らせるようになる。小児の人工知能の開発に興味を持った彩さんは工学部を目指したが、いざ迎えた大学受験では第一志望の大学に入れず、悩んだ末に歯学部に進んだ。

その後、彼女は20歳の時に、大学の友人たちと話す中で、友人たちの悩みの多くはお金で解決するか、両親に頼んで解決してもらうかの2種類しかないことに気づいたという。

同時に、父親もしくは母親がいない友人や、金銭的に苦労した家庭で育った友人に彩さん自身、出会ったことがないことにも気づいたそうだ。そこで初めて、「親がいない子ども、金銭的に苦労した子どもにはどんな悩みがあるのか」と彩さんは疑問を感じるようになる。調べてみると、虐待やネグレクトを受けた子どもが保護される児童相談所や保護された子どもが18歳になるまで暮らす児童養護施設などが、彼女が暮らしていた地域にも存在していることを知った。

なぜ、今までその存在に気づかなかったのか。そう考えた時に、小学校の頃に母親から教えてもらった虐待のニュースに対して、「大人が子どもの本当の声に気づかないから虐待が起こるのだ」と、小学生ながらに心の中で感じていたことを思い出した。20歳で大人になった時、その子どもの声に気づけていなかった自分自身に大きなショックを受ける経験をしたそうだ。

こうして、「もっと子どもの声を聞いて寄り添うためには、どうすればいいのか」と考えるようになった彩さんは、歯科医師として、虐待やネグレクトを受けた子どもに寄り添うのは難しいと感じるようになったという。そして、できることはないかを調べた結果、里親制度にたどり着く。里親制度とは、理由があって親と離れ離れで暮らす子どもたちを、家庭環境下で養育する制度を指す。

養護施設にいる子どもたちに思いはせてみると、彼らは本当に助けてほしい時、誰を頼るのだろうか、もしかしたら誰の顔も浮かばないのでは——と思い、彼らが悩んだ時に「この人なら助けてもらえるかもしれない」と頼ってもらえる存在になりたいと、彩さんは考えるようになった。里親制度であれば、歯科医師をしながらでも里子を受け入れることができる。そこから、20歳の時に「里親をやる」という夢を描くようになったのだ。

これが、彼女がこの夢を思い描くまでに経験し、考えてきたエピソードだ。ともに学んだ経営大学院のクラスで彼女が里親に関するアクションを取りたいとメンバーを募った際、私も母子家庭で育った自身の経験から共感し、手を挙げたひとりだった。

そうしてRACの活動をしてきた中でふと、疑問が湧き上がる。読者の中にも、同じ疑問を持った人がいるかもしれない。それは、「なぜそこまで里親に関するアクションを自分自身でやってみたいと考えるのか」ということだ。小学生の頃に児童虐待で同い年の子どもが亡くなったニュースに触れたこと、子どもが出すSOSのサインに気づけないのは大人の責任だと小学生ながらに考えていたこと、しかし、大人になってから、自分もまたその子どもたちの声や存在に気づけなかったこと、そして、自分がそんな子どもたちに寄り添いたいと考え、里親制度にたどり着いたこと。これらのことからは、里親制度が児童虐待やネグレクトから子どもたちを救う1つの手段になることは理解できるものの、そこから「里親をやる、と20歳の時に夢を決めた」と至るには、考えが飛躍している。つまり、〝自分事〟となるための因果関係がこのエピソードにはないのだ。

これを、なぜなのか？　と彩さんに聞くと、彩さん自身もうまく言葉にすることができていなかった。むしろ、私からの質問に、「なぜ自分自身で里親をやりたくなったのだろうか」と、一緒に悩んでいた。

ここで思い出してほしいのが、

本書で扱う中で特に重要な概念である「無意識のインサイト」を、「自分ではまったく、またはほとんど気づいていないか、あるいはうまく説明ができないような思考プロセスであるものの、その結果として、消費者行動の源泉となっている心理」と定義する。

と記した部分だ。まさに、今回の事例では、自分ではうまく説明ができないような思考プロセスではあるものの、その結果として、行動の源泉となっている心理が存在すると感じた。

インサイトブーストの手法からその理由を深掘りしていったところ、「生きづらさ」

を自身が感じた原体験が出てきた。彼女がゆっくりと紡ぎ出しながら話した言葉から、高校生の頃に学校が嫌で行きたくなく、「死にたい」と母親に伝えたこと、そして、それを止めたのは、母親の説得であったことがわかった。そして、「自分にはどんなときでも帰ることができる場所がある」という安心感を得ることができたというエピソードを聞くことができた。

こうして深掘りすることができたエピソードから、「なぜ彼女が里親制度に関するアクションを自分事としてやろうと決心したのか」という疑問に対する答えは、次のようなものではないか、と彼女に確認した。

そこには、かつての自分自身が「死にたい」と考えた時に、最後の最後で止めてくれた母親の存在がある。なんらかの理由で親と一緒にいられなくなった子どもたちにとって、あの時の彩さんの母親と同じ存在になりたい。そう思うからこそ、自分自身が里親になろうとしているのではないか――。この考察に、彼女は涙ながらに、「その通りだ」と自覚することができた。

このように、その人の深層心理を深掘りしていくと、聞かれたことに対して即座に返答できないフェーズに入る瞬間がある。先にも説明した通り、言葉がすぐに返されるうちはまだ深層心理に達していない証拠であり、深層心理に入ってからは、すぐに言葉を返すことができない状態――自分自身でもなぜそう考えているのか分からないために、なぜだろうと考えながら、言葉をぽつりぽつりと発していくフェーズが続く。

そして、その深層心理の一番深いところにあるエピソードは、自分自身が無意識のうちに蓋をして封印してしまっている場合も多く見受けられる。通常は人に話すこともはばかられることであったりするために、その蓋を開けると、自分が無意識的に表に出ないようにしていた感情も一緒に出てくることがある。人によってはおえつを伴うことも少なくない。

だからこそ、深層心理に秘められたエピソードを聞き出すためには、インタビュイーとの絶対の信頼関係を築くことが何よりも重要だ。マズローの5段階欲求の、ベースのところに存在する、生死に関わるインサイトである。無意識下であったとしても、やはり、ここで働くインサイトには、感情を動かす大きな力が秘められている。

RACの場合、彩さんの無意識のインサイトをつかめさえすれば、デザイナーがやるべきことは明確だった。RACの活動のエンジンである彩さんの想いの核となる部分をつかんだら、それをブランディングの北極星、つまりブランドコアに据え、全てのコミュニケーションを組み立てていく。方向性を検討するためにとりあえず5案も10案も出す、などということをする必要もない。むしろ確固たるゴールが定まっているため、そこに向けてどう可視化したらきちんと伝わるだろうかを吟味、検討するデザインの案出しをすればいい。多くても2、3案で済む。それ以上のデザイン案を出すことは、リソースの無駄遣いになるだけだろう。

ちなみにRACは、ここで定まったブランドコア「いついかなる状況があったとしても、子どもファーストで考えること」から、誰もが関わることができる里親制度であることを考えている。RACが世に出すビジュアルは全て、これらとイコールを成すかどうかという判断軸で可視化し、世に出している。

余談だが、彩さんがピッチイベントに登壇する際には、どんなオーディエンスが聞きに来るのかを考え、彼女が着る服装やその色使い、身に付ける小物の彩りまで、全て計算している。これもアートディレクターとしての私の担当だ（もちろん、潤沢な資金があるわけではなく、彼女が持っている服をベースに、小物などで調整している。相応のものが売っていなければ、私が手作りすることもある）。

RACはスタートからいくつかのアワードにチャレンジして評価され、いくつかの賞を受賞してきた。中でもデザイン経営の分野で特筆すべき受賞歴が2点ある。1つは、日経ソーシャルビジネスコンテストの第2回目で優秀賞を受賞したこと。もう1つは、アメリカはニューヨークで長い歴史を持つ伝統あるデザインアワード、「Graphis Design Award」の2021年度にてシルバーを受賞したことだ。巨大企業では

Branding of RAC
Silver, Graphis Design Award 2021
graphis.com

著者が手がけたRACのクリエイティブの詳細はこちらからご覧いただきたい。

ない、小さな非営利団体のブランディングがこの賞をもらえたことに、ただただ感謝するばかりだ。

インサイトブーストが経営者に与える「芯」

インサイトブーストは、その可能性に私が気づき、その原型をラピッドプロトタイピングで試したのが2018年末。デザイン経営宣言が経済産業省と特許庁から発表され、デザイン思考、そしてデザイン経営に大きく注目が集まった年だった。この年のことを当時の記憶も含めてもう少し書くと、デザイン思考に関してはすでに、ひとり歩きする言葉と、浸透しきっていない実態との乖離《かいり》が大きかった時期であった。日本という国が発表したデザイン経営も、かつてのデザイン思考と似た構造に見えた。デザイン経営宣言の前から続けてきた一貫したビジュアルづくりをしているだけなのに、経営戦略のどこにデザインが効果を発揮できるのかを明確に示すこともしないのに、デザイン経営を実践しているという人材が溢れ始めた時期でもあった。

私が立ち上げた一般社団法人デザイン経営研究所は、デザイン経営宣言の前に設立されている団体で、この分野については、宣言以前より個人的に研究を深めてきた。しかし、いざ広まったデザイン経営の実態を見つめながら、近い将来に不具合が起き、結果、これまでのデザイン業界が信頼を失いかねないと危機感を感じるようになった。そこで考案したのが、インサイトブーストだ。

本書で紹介してきた実績を通じて再現性の高さに確信を持ち、2020年7月に商標出願、その1年後の2021年6月に商標を取得するに至っている。

なお、本書で紹介した企業や団体が、インサイトブーストを経た結果にどのような変化を迎え、今、どうなっているのか。その全ての経営者に共通して言えることがある。それは、経営者が自分自身の心の奥底にあった無意識のインサイトに気づけたことで、ビジネスを通じて成し遂げたいミッションがより明確になったこと。そして、その結果として経営者の視座が高まり、企業組織のフェーズも変化してきている、ということだ。

無意識のインサイトをアイデア展開につなげ、想い描くミッションを実現するためには、今、何をすべきか。いわば、ミッション実現までの最短距離、もしくは、さまざまな要因のために最短距離を選ぶことができなければ、どういうアクションを取っていけばいいのかを見据えることはできないだろう。

そして、このインサイトブーストの一番の効果を最後に伝えたい。何よりも、自分の深層心理の奥底にあった無意識のインサイトに気づけたことで、そこから選ぶ打ち手、成す打ち手の全てが自分らしくなろ。大なり小なりのチャレンジは含むものの、そこにはなんら、嘘偽りや無理がなくなるのだ。

3章

なんのために デザインの力を使うのか

さて、ここまでお読みいただき、いかがだっただろうか。序章では、この本の重要な部分となる「無意識のインサイト」について少しでも共感いただけたらと考え、記憶に新しい身近な事例を取り上げて、その重要性について説明した。1章では、なぜ今、デザイン経営が必要とされているのか。デザイン経営につながる歴史の要点を解説しながら、過去の歴史が投げかける示唆を注意点として理解しつつ、デザイン経営が資することができるとされる、ブランディングとイノベーション創発の両面について解説した。2章では、私が提唱するインサイトブーストの手法について、詳細な手順を示しながら、私が取り組んできた実績を事例に挙げ、解説をしてきた。

そしてこの3章では、著者である下總良則が受けてきたデザイン教育の中で、恩師、加藤雄章先生に学んだマインドセットから、皆さんにも学びに成り得る示唆があればと思うものを数点、ピックアップした。これらを通じて、デザイン教育で何をどのように考えてきたのかをお伝えしつつ、今この時代を私の立場で見たときに感じることを述べたいと思う。今、デザイン教育を受けている学生や、社会に出たばかりの若きデザイナーにとっては、日本のデザイン教育の文脈からお伝えできるマインドセットではないだろうか。また、経営サイドからこの本を手に取って下さっている方々にとっては、デザイナーの職能である、非言語の世界を見通すその視点について、理解することができる内容になっていると思う。

恩師との出会い

年齢でいうと22歳になるその年、私は3年間のフリーター生活の後に、多摩美術大学の夜学である、造形表現学部のデザイン科に入学した。入学当初はデザイナーなる存在に憧れていて、グラフィックデザインを学びたいと考えていた。

そんな大学1年生の春、基礎演習科目を受講している時期に、私は木工のスツール制作の授業を受けていた。その最終プレゼンの日、当時の担当だった先生が、「今日はスペシャルゲストがいます」と紹介してくれたのが、後に恩師となる、加藤先生だった。

初めて加藤先生にお会いした日の第一印象を、私は驚きとともに覚えている。先生には片目がなかった。右目が義眼で、同期の女の子たちは「おじいちゃん先生」と呼んでいた。

そのプレゼンの際、加藤先生は私の制作物を見て、「すごいね！」ととても褒めてくれたのを覚えている。先生は我々生徒には優しい方だったけれど、昔は大変仕事に厳しく、真剣な方だったと、後に教えてもらった。

加藤先生の授業では、たびたびデザイナーとしての実力を見せつけられ、ただただ驚いた。先生がレンダリングと呼ばれるスケッチを描き始めると、ものの数分の間にパンチ力のある、みずみずしい躍動感を持った工業製品のイメージがそこに現れた。片目である先生が立体感を得ることは、両目がある人に比べて不利なはずだ。なおさらそれが、その職能にすごみを感じさせた理由だった。この時に感じたデザイナーの職能を言語化するならば、まだこの世で姿形が伴っていないイメージを、瞬時に可視化する能力。「創造」の文字が合っていると感じ、もう少し違った言葉で言うなれば、まだ見ぬ未来をイメージし、そのイメージを誰もが認識できるように表現する力、だと思う。

加藤先生の授業を受けるにつれて、加藤先生がその職能を発揮するにあたって大事にしているマインドセットに触れてきた。私が先生から学んだデザイン教育は、全てのデザイナーにとって大事なものであると感じる。デザインとは何か、デザイナーとは何かを考えるきっかけがたくさんあった。先生はよく、「普通の大学に来たのではない、美が付く大学に来て学ぶ意味を考えなよ」と言っていた。

ある日、授業が終わった後に思い切って教員室にいる加藤先生を訪ねたことがある。「先生の事務所でアシスタントスタッフとして働かせてもらえませんか？」と、相談した。先生はにっこり笑って、「恵比寿にあった事務所はもう解散しちゃってるんだ。でも、良かったら今度、横浜にある自宅兼事務所に遊びにおいで」と言ってくれた。以来、何か壁にぶつかった際には、先生のご自宅へお邪魔させていただき、1対1でいろんな話をした。「人生の辛いことは大体経験してきてるから、わりとなんでも相談にのれるよ」と言って、自分だったらこうするかな、こんな観点で考えてごらん、とアドバイスをくださった。そのようにして、デザイナー・下總良則は育てられたのだ。

大学卒業後も、先生との交流は続いた。前章でも触れたが、新卒で就職したメーカーを辞めてずいぶんと精神的に参っていた時には、「もうそろそろ元気出しなよ」と、先生がメールで励ましてくれた。その返信で、次にお会いする日を調整したが、お会いするはずだった日が3日後となった日、先生は病気の発作で帰らぬ人となってしまった。

あの時、自身の体調も優れない中で、教え子を気遣って会おうとしてくださった意味を考えさせられた。先生と交わしたメールの文末には「僕のバトンは、下總君たちにもう渡したからね（笑）」とも書かれていて、とてつもなく責任が重大なバトンを引き受けたのだということを痛感した。

このことがきっかけとなって、今までいちデザイナーとして成功することばかり考えていた自分の価値観が180度変わった。当時、勤め先の会社も退職したばかりだったので、先輩や後輩をはじめ、同僚とも疎遠になった。再就職したデザイン事務所は、私と社長の2人で活動していた事務所だったが、入社から半年がたった頃、社長が突如脳梗塞で倒れ、新人の私が社長代理をしなければならなかった。自分にとって大切な存在が次々と失われていったあの当時、最後に残ったのは、ほかでもない自分自身だった。何か物事を考えようとすると、私の思考プロセスが自然と、加藤先生のアドバイスの通りになっていることに気がついた。その時ようやく、加藤先生から受けたデザイン教育を通じて、自分はなんとありがたいものを授かったのだろうと理解することができた。

加藤先生の先生は剣持勇さんだった。剣持さんといえば、日本のデザインの黎明期にご活躍なさった方で、日本のデザイン団体、現・日本インダストリアルデザイン協会の設立メンバーのひとりだ。工業製品デザインの世界が分かりやすいので例にすると、日本のデザイナーの歴史は、たどれば必ず、戦後にデザイン団体を設立した誰かにぶつかるようになっている。そして多摩美術大学の工業デザインでたどり着くのが、剣持さんだった。加藤先生もまた、脈々とつながる日本のデザインの歴史の中で剣持さんからバトンを受け取ってきたひとりであり、今度は今を生きる我々世代がそのバトンを持って走っている。

加藤先生の教え子は、もちろん私以外にもたくさんいて、皆さん各方面で活躍されている。しかしふと、先生がよくおっしゃっていた「次代のデザイナーを育てたい」という遺志を引き継ぎ、教職に就くことができる人はそう多くはないかもしれない、と気づいた。ならば私は、専門学校や大学の場で非常勤講師の仕事に関わることで、次代のデザイナーの育成に貢献し、先生に恩返しをしていきたい——そうして、私はデザイナーとしてだけでなく、教育者としても活動することを志した。

本章では、加藤先生から受け継いだデザイナーの視座・視点を、次代のデザイナーの皆さんに伝えていきたいと思う。

「意匠」とは何か

加藤先生が教えてくれたことの1つであり、私たちデザイナーにとって絶対に避けられない命題がある。それは、「デザインとは何か？」という、永遠の問いともいえる、デザインの定義である。今、デザインの概念は拡大の一途をたどり、狭義のデザインから広義のデザインへ、さらには経営のデザインへと広がりを見せている。

この拡大を続けるデザインの根本には、「意匠」という概念が存在する。株式会社三菱総合研究所 経営コンサルティング事業本部が発表している「2016年 経済産業省 第4次産業革命におけるデザイン等のクリエイティブの重要性及び具体的な施策検討に係る調査研究」（資料は2017年）の中でも、「狭義のデザイン」とくくられる中の最初にこの言葉が出てきている。

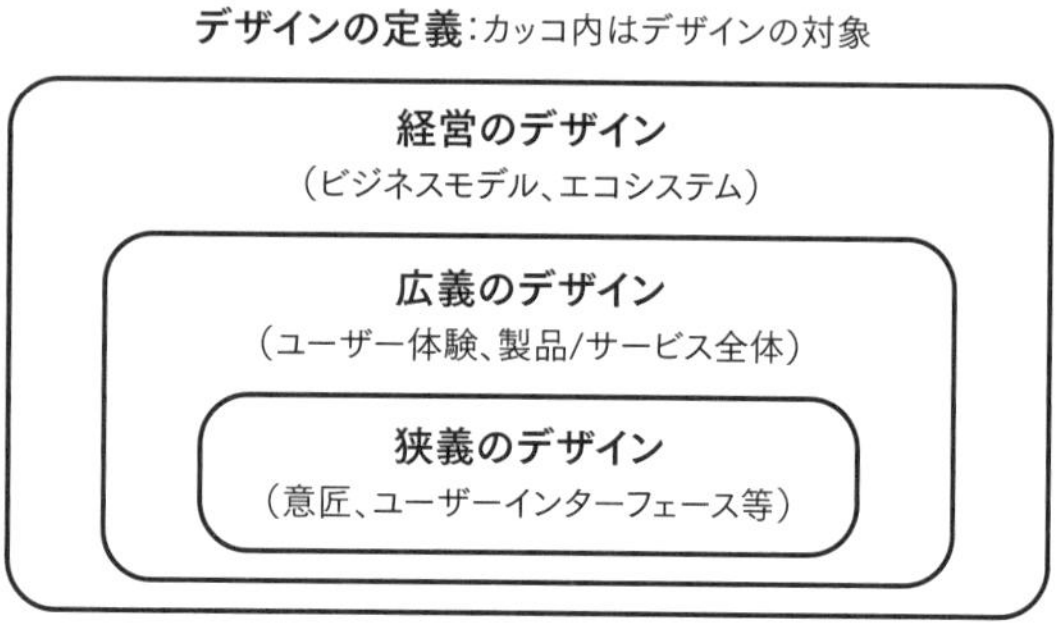

狭義・広義・経営のデザインの定義

拡大するデザイン領域とその定義
出典：株式会社三菱総合研究所 経営コンサルティング事業本部が発表「2016年 経済産業省 第4次産業革命におけるデザイン等のクリエイティブの重要性及び具体的な施策検討に係る調査研究」（2017年）より、デザイン経営研究所が作成

さて、この「意匠」とは、一体なんのことを指しているのだろうか。

ここでいわれる意匠とは、例えばグラフィックデザイン、プロダクトデザイン、建築デザインなど、目に見える部分に関するデザインが当てはまる。「デザインとは何か？」と問われた際、多くの人が思い浮かべるであろう、いわゆる「見た目のデザイン」と呼ばれるものだ。デザイン経営宣言の中では、「クラシカルデザイン」とくくられていて、デザインにおける先人たちが築いてきた部分とされている。そしてこれが、目に見えない体験までもデザインできるとされて広義になり、また、ビジネスそのものをデザインできるとされて、経営のデザインといわれるようになった。

つまりここでいわれる意匠とは、デザインという概念が生まれた当時に、見た目を意識したデザインのことを指す言葉であると理解できる。

しかし、私を含め、デザイン教育を受けてきたデザイナーたちが教えられてきた意匠とは、必ずしもそれを指すわけではない。

そもそもデザインが日本に入ってきたのは、1945年頃のこと。誰が訳したかは定かではないが、当時、デザインという言葉は日本語で意匠と翻訳された。

この意匠とは、意と匠の2つの言葉から成り立つ概念で、どちらか一方が欠けては成り立たないものであると教わった。意は「想い描く」ということ、つまりwillを意味し、匠は「描いた想いを実現する匠の技術」、こちらはつまりskillのことを意味している。いうなれば、想い描くこととそれを実現する匠の技術の2つがそろった時に初めて、デザインは成り立つものなのだ。言い方を変えると、意匠とは、「willとskillのセット」のことを指している。

では本当に、どちらかが欠けてしまっては、デザインは成り立たないのだろうか？
例えば、意匠の意のみが存在して匠がなかったらどうなるだろう？

端的にいえば、それは絵に描いた餅でしかない。どんなに素晴らしいイメージを示したとしても、それを具体的なものとして具現化する力が欠けていれば、それは存在していないも同義なのである。

それでは逆はどうだろうか。意匠の意が存在せず、匠のみがあったとしたらどうなるだろう。これはいってしまえば「表現が上手なだけ」なのである。つまり、デザインの世界ではプロダクトアウトと呼ばれて忌み嫌われる、それほど深い意図や願いを伴わずに生み出されたアプトプットを意味する。

やはり、意匠＝デザインの和訳であって、「意」と「匠」はどちらか一方が欠けてしまっては成り立たないのだ。

ここで1つ、紹介したいエピソードがある。私は経営大学院で、経営に大事とされることを多く学んだ。そのうちの1つに、「経営にはwillとskillが大事である」という話があった。なんのために経営をするのか。働くとは、誰かの役に立つことであるが、自分たちは誰の役に立とうとしているのか。「こうありたい」と願う部分、志ともいえる部分がwillであるが、志だけではやはりそれは実現不可能だ。そこで、そのwillを実現するのがskillとなる部分。いうなれば、ヒト・モノ・カネといわれる経営の3つの分野で、さまざまなフレームワークをはじめとしたツールを使いこなせるようになる、経営学の学びの一部分だ。なお、経営学というと、これらツールを学ぶだけにとどまらず、例えば、アントレプレナーシップ＝企業家（起業家）精神といった、willを育む学びも含まれている。

そして経営学とは、経営が生きるか死ぬかの場で培われてきたものだからこそ、その力は相当にパワフルなのである。この経営学が持つskillの面を、なんのために使いたいかを考えることが非常に大事となる。つまり経営もまた、willとskill、どちらか欠けて一方だけが存在していたのでは成り立たないものなのである。ここから、経営学は「willとskillのセット」を学ぶ学問なのだと感じる。

まとめてみると、意匠とはデザインそのもののことであり、この定義は「willと

skill のセット」である。そしてそれはまた、根本的には経営と同義である、ということだ。

3つの「みる」

私が美大生だった頃、人が「みる」という行為には、3種類あると教わった。美大を卒業してからおよそ20年がたった今では、実際にはもっと多くの「みる」が存在すると感じているが、特に、デザイナーの職能に関わる「みる」という行為は、「見る」「観る」「察る」の3段階がある。

それぞれの意味について、少し説明しよう。「見る」は、特に何も考えずとも、なんら意識を向けなくともその物体がこの目に映り、それを認識することを指す。「観る」は、この目に映る物体に対して意識を向け、観察することを指す。そして最後の「察る」は、この目に映る物体のみならず、目に映らない事象、姿形を伴わない出来事に対してまでも、思考を巡らせ仮説を立てることを指すのだ。英語にすると、「見る＝see」「観る＝watch」「察る＝feel」である。この3つの「みる」は、段階を上げるに従って、対象に向ける意識の度合いが異なる。「見る→察る」に上がるに従って、その難易度も高くなる。

職能としてこの3つの「みる」を使い分ける場合、デザイナーではないノンデザイナーが自身で意識して使うのは2段階目の「観る」までが一般的であるといわれ、デザイナーが職能として使うのは、3段階目の「察る」、つまり、仕事をする上ではfeelを使うという。

目に見える物事を「察る」ことはもちろんのこと、姿形を伴わない事象を「察る」とはどういうことかというと、人の心情の機微や、企業組織のアクション、そして政治経済に至るまで、観察をするということだ。

なぜこの人はこういうことをしているのだろうか。この人は、心からそう思って発言しているだろうか。それは表層的な部分だろうか、それとも本質だろうか。メッキなのか、本当の金なのか。真実だろうか、偽りだろうか。結果として、今、向き合っている相手と接している接点、つまり、ブランディングにおけるタッチポイントにおいて受け取っているこのメッセージは、どんな理由から発信されたメッセージなのだろうか。その理由について仮説を立てたなら、そうさせてしまう理由はなんなのだろうか——といった具合である。

デザイナーでなくても、この「察る」という行為はできる。デザイナーが物事を考えるプロセスを経営の世界に取り入れるということで注目を浴びたデザイン経営は、ノンデザイナーの人たちもデザイナーが持つ職能を使うことができるといわれているが、その職能こそがまさに、「察る」という行為だ。これゆえ、狭義のデザイナーではない人たちもデザイナーに当てはまるといわれる部分はここにあるのだと、私自身は感じている。

なお、デザイナーはどこでどうやってこの「察る」力を鍛えてきたのか。幼い頃から家庭環境の中にデザイン教育が自然とある家庭では、日常の中で自然とそれが成されている事例をよく見かけるが、一般的にデザイナーの卵たちは、デッサンという基礎教育の中でこの力を培う。

そもそも皆さんは、デッサンというとどんな行為を思い浮かべるだろうか。もしかしたら「絵で上手に模写すること」と認識しているかもしれないが、デッサンの本質はそこではない。目の前にある対象を「察る」ことで、「そうか、これってこういう理由でそうなっているのか」と、その真因を理解することが大事なポイントになる。

もし目の前のモチーフを上手に模写する力を鍛えるならば、モノクロの写真を撮影してしまえば、今は秒で終わってしまう。デッサンで主に鍛える能力はその部分ではなくて、モチーフに対峙する、デッサンを描く者の視点を通して、そのモチーフから受ける印象を観察し、それをデッサンとして再現する、という部分――つまり、観察眼と審美眼の部分である。

デザインの可能性が経営の方々に認知され始めた頃、要するにコツさえつかめば、どなたでもこの「察る」という力を存分に扱えるようになり、その域に至るのはそれほど難しいことではないでしょう、と言われたことがあった。しかし、そう簡単ではない。繰り返しになるが、「観察眼と審美眼を使いこなせるかどうか」が重要なのだ。

もう少しかみ砕くと、「察る」行為を経て、「何をしなければならないのか」というフェーズでこの力を発揮できるかどうかが試される。つまり、目に見えない事象までをも観察して、なるほど、本質はそうであったかと理解できたならば、その次にあるのは、理想として想い描くありたい姿と、だがしかしそうはなっていない現実の姿のその差分をどう解決できるか、である。観察眼が試された後に問われる、審美眼の部分を忘れてはいけない。

この時多くの人が陥りやすいのが、「分かったつもりになってしまうこと」である。問われているのは、「『分かる』と『できる』の差分」を埋めることができるかどうかである。この時、自分自身のアウトプットについては、ともすれば長く考え、見続けたアウトプットゆえに、自分自身では何がどうダメなのか、その問題点に気づくことができず、解決の糸口をつかめないことも少なくない。冷静に目の前に現れたアウトプットの審美性を問い、本質の姿に至るために、何を解決していかなければならないのか、気づくことができるかどうか。

ここで真価が問われるのが、「観る」よりもさらに進んだ観察のフェーズである「察る」なのである。

デザイン教育の中でこの「『分かる』と『できる』の差分」を解消する方法として提示されてきたのは、自分の脳の中にしか存在しない、まだ誰も見たことがない自分自身が描いたイメージ像を、とにかく身体の外にアウトプットして可視化することである。

例えば、正円をフリーハンドで一発できれいに描こうとしても不可能だろう。その輪郭を何度もなぞるうちに、正円の輪郭のイメージをつかみ取ることができる。何度もなぞった後、最後に1本の線を選び取る行為——そこに要する判断力と決断力、そして何よりも、「それが正しいのだ」と、過去に修練を積んできた自分自身を信じる、自信という力が大事になってくる。

『ニュータイプの時代』(2019年)で著者の山口周氏が語っていた言葉の引用から、

もう少し説明したい。

モノが過剰に溢れかえる世界にあって、私たちは日常生活を送るにあたって、すでに目立った不満・不便・不安を感じることはなくなっています。これはつまり、今日の日本ではすでに「問題が希少化」していることを示しています。

「問題」と「解決策」のバランスについて、過去を振り返ってみれば、原始時代から20世紀後半までの長いあいだ、常に過剰だったのは「問題」であり、「解決策」は希少でした。多くの人々が、物質的な側面で大きな「不満・不便・不安」を感じており、だからこそ、それらの問題を解決できた個人や組織に富が集中したのです。

しかし、ありとあらゆるモノが過剰に溢れかえることで「問題」が希少化してくると、ボトルネックは「問題の解決」から「問題の発見」へとシフトし、「解決能力」は供給過剰の状態に陥ることになります。

このような世界において、かつて高く評価された「問題解決者＝プロブレムソルバー」はオールドタイプとして大きく価値を減損することになる一方で、誰も気付いていない問題を見出し、経済的な枠組みの中で解消する仕組みを提起する「課題設定者＝アジェンダシェイパー」が、ニュータイプとして大きな価値を生むことになるでしょう。

この話から私が感じることは、まさにここで問われている「そもそも何が問題なのか」を発見する力こそが、「察る」という能力、つまり、観察眼と審美眼を使いこなす力であるということだ。

「美」と「きれい」の違い

デザイン教育の中で、特に意識したことは、「美ときれいの違い」についてであった。

先述のとおり、加藤先生にもよく、「美が付く大学に入った意味を考えなよ」と投げかけられてきた。美とは、なんなのだろうか。

結論からいうと、きれいはつくることができるもの、美はつくることができないもの、と教わった。どういうことか。

まずは加藤先生の言葉から引用してみたい。デザイナーが「ナイフをデザインしてほしい」というオーダーを受けたとする。その際、依頼主からさまざまな注文をされ、配慮しなければならないことがあるだろう。例えば、この発売されるナイフの競合となる他社商品群の存在。それらはもしかすると、きらびやかな装飾を施し、購入者の所有欲や購買欲を刺激して「売れる」姿形になっていたとする。ここから、新たにデザインしてもらうナイフも同様にしてほしいというオーダーを受けるかもしれない。結果、所有欲や購買欲を刺激するナイフがデザインされる。見た目はカッコいいし、オシャレだ。きれいではあるのだが、果たしてこのナイフは、是か非か。

加藤先生から教えられたのは、「そもそもナイフは切れないと意味がない」ということだ。きれいはつくることができてしまう。その道具、例えば今回はナイフだが、ナイフを使っていて、切れなくて使い物にならない、または、少し使っただけですぐに刃がこぼれ、使えなくなってしまったということがあっては、いかに見た目がきれいだろうが、本質的には、すぐに捨てられるゴミをデザインしていることと変わらないだろう。

ほかにも、例えば椅子をデザインしたとする。時として「デザインは良いのだけれども、座っていて疲れる椅子」という評価も、日常的によく聞く言葉である。この「デザインは良いのだけれども、座っていて疲れる椅子」というのは、はっきりいってデザインが成っていない。つまり、見た目はきれいであるかもしれないが、椅子が果たさなければならない本質は到底押さえられていない。

座っていて疲れない椅子とはどういうことかというと、人の身体の構造は、長い歴史の時間の中でできあがっている。もっといえば、日本人の骨格もどんどん変化し、平均身長も百年前と今とではずいぶん異なる。

座っていて疲れないとは、いうなればデザインが人の身体の構造に寄り添っていることと同義である。この時、デザインを優先するがあまり、無理をして作為的に作ると不自然になってしまう。本質と美は同義であるが、美とは自然の中からにじみ出てくる本質そのものなのであって、人が作意を持ってつくることはできない。美なる概念はつくることができず、探すことしか我々にはできないのだと、デザイン教育の中で教わってきた。

ナイフをデザインする時は、切れそうなナイフをデザインするのではなくて、切れるナイフをデザインする必要がある。また、椅子をデザインする時は、座っていて疲れなさそうな椅子をデザインするのではなくて、座っていて疲れない椅子をデザインする必要がある。自分の仕事が美に至ったかどうか、つまり、本質に至ったかどうかを、デザイナーは常に問われている。

では、改めて私たちはデザイナーとしてどんな仕事をしているのだろうか。考えてみると、なんらかの成果物をもって「きれい」をつくり上げていることは間違いない。しかし、デザイナーの真価が問われるのはここからだろう。前章にも書いた通り、問われるのはその審美眼の鋭さだ。私たちが想像／創造している成果物は、「きれい」なだけで終わっていないか。クライアントの問題意識に深く共感して、その成果物に思考を巡らせる際、目にした、触れた誰もが良いと感じる、そのクライアントらしさが溢れる成果物になっているか――このデザインは「美に至っているだろうか？」と、審美眼を使って自分自身に問い正す必要がある。

デザイナーからすれば、きれいをつくることはそれほど難しいことではない。日々の生活の中で自身の感性を研ぎ澄まし、一見カオスに見える混沌の中にさえも、なんらかの法則性を見つけ、それを構成しているシンプルさを理解して、自身のアウトプットに応用する。このアウトプットは最低限、きれいというビジュアルを伴っているこ とがほとんどであるが、その中で本質を突くアウトプットというのは、そう多くはないし、本質を理解しているのであれば多い必要はない。ただ、ここでデザイナーは、アウトプットを出し続ける中で、やはり「探し続ける」行為をしている。何を探しているのか。それは本質、言い換えれば「美」を探している。この美を発見するために、相当数のアイデアを考えては捨て、考えては捨て、という行為を繰り返している。そこには産みの苦しみが待っていて、美に至る仕事をする、ということはなかなかそう簡単なことではない。

美に至ろうとするプロセスでは何がポイントになるだろうか。加藤先生は、「デザイナーの仕事は、不自然を自然にすることが8割から9割。残りの1割から2割はデザイナーの自己主張の部分」と言っていた。

では、美に至るために、デザイナーが8割から9割の割合で取り組んでいる「不自然を自然にする」とはどういうことか。先生いわく、私たち人間が生きているこの世界にはもちろん人工物もあるけれど、それでも人は自然界に身を置いて生活している。その中で、無意識かもしれないが、目に見える自然物は誰しもが見慣れているものである、という。例えば、樹木の枝はみな細く長く伸びていて、どんどん太くなっていくことはあり得ない。樹木の枝が伸びゆく自然な姿は「細く長く」であって、それが自然な姿といえる。

このほかにも例として、法隆寺金堂などの復元を果たした最後の宮大工棟梁、西岡常一氏が、著書『木のいのち木のこころ』（1993年）の中で、堂塔建立に使用する木に関する口伝について書いている。一部を次に引用したい。

「山の南斜面に生えた木を例に取ってみましょう。この木の日の当たらない北向きの側には枝が少ないんですな。あったとしても細くて小さいもんです。逆によく日の当たる南側には大きく太い枝が出ます。この地形が年間平均すると西からの風が強い場所だったりすると、この木の南の枝は風に押されますな。それで東に捻れます。しかし、この木が風によって無理に東に捻られているために何とかしてもとに戻ろうとする性質が生まれてくるんです。この元に戻ろうとする性質を木の癖といいますのや。すべての木には生える場所によってこうした癖ができますな。」

「山の中腹以上峠までの木は構造材に使えというのは、ここらに育った木はたくさんの光を浴びてしっかり育っていますな。日当たりはいいんですが、風も当たる、嵐にもうたれる、雨にもたたかれる、中腹以上の木はこうした環境で育っているから木質が強く、癖もまた強いんですな。こうした癖があり、強い木は柱や桁、梁などの建物を支える骨組みになる部分に使いなさいと教えているんです。」

「谷は水分も多く養分も十分にありますわ。こうしたところでは光も嵐もそんなに強くなく、木は素直に育ちます。こうして素直に育った木は癖がない代わりに強さもそないにありませんから、長押や天井、化粧板なぞの造作材に使えというんですな。」

その木材が生まれ育つ中で持ち得てきた、元来の特性を「察て」、それを適材適所に使う――これもまた不自然なもの（＝人工物）をできるだけ自然の摂理に近づけていく作業といえるだろう。

デザイナーの仕事が美に至ったのかどうかを判断するのは、デザインする行為に伴って使う素材の特性を「察て」適材適所に使い、その果たすべき役割をしっかり果たすことができ、長く人に寄り添う存在になり得ているかどうか、ということではないだろうか。

デザイナーは「黒子」

加藤先生が伝えてくれた教えの中に、「デザイナーは黒子であるべき」という言葉がある。

デザインには、例えばグラフィックデザインの世界であったり、ＵＸＵＩのデザインの世界であったり、さまざまな世界が存在するが、自分自身が育った工業製品のデザインの世界ではこれが特に顕著であると思う。ここ数年、デザイナーの個人名が表立ってくるケースを見かけるが、長らく工業製品の世界では、デザイナーの名は明らかにされない場合が多かった。デザイナーの個人名が表立って出ることがまれな世界であると思う。必要以上に出しゃばらないというある種の奥ゆかしさも伴って、この「デザイナーは黒子であるべき」ということがいわれてきたように感じる。もちろんそういった観点があってもいいとは思うが、本質はそこではない。

「デザイナーは黒子であるべき」という言葉が伝えているその本質は、自我を捨て去ること、我欲を捨て去ることの大切さを伝えるものだ。デザイン表現とは切っても切り離せない関係性にあるこの自我・我欲の存在は、グラフィックデザイナーの佐藤卓氏もご自身の著書『塑する思考』（2017年）の中で語っている。なぜこの言葉が存在しているのかを考えるに、デザインという行為において、自我の表現、我欲の表現というのが、非常にやっかいな存在であるからにほかならない。

例えばあるプロジェクトの成功を目指し、どうしたらいいのかを検討していく中で、そこに関わっているデザイナー自身の「自分が有名になりたい」「成功したい」といった我欲から生まれる自我の表現は、時として、そのデザインプロジェクトのあるべき理想の姿を歪めてしまうのだ。

加藤先生の例え話はこうだった。

デザイナーの仕事は、焼き魚の料理に例えられる。食卓に焼き魚を出す際、当たり前ながら、魚を焼いて皿に載せて出す。この時、魚の載ったお皿には、何を添えるだろうか。赤く色づいた紅葉の葉っぱ1枚程度でいい。デザイナーの自己表現、つまり自我の表現は、その程度のわずかなものでいいのだと、加藤先生は言った。

デザイナーは、自分が自分がと自己主張をぐいぐいせずとも、そのデザイナーが関わったプロセスのそこここに、そのデザイナーでなければならなかった自己表現が自然とあらわれる。その焼き魚を出す食卓の場というのはどういった集まりの場で、誰が食べるのか。魚の焼き具合はどれくらいが良く、盛りつける皿はどんな皿にすべきか。大根をおろして添えるならどれくらいの量をおろし、皿のどこに載せようか。垂らすしょうゆはどれくらいの量が適量だろうか……などなど、焼き魚を食卓に出すにあたって、「どうあるべきか」を考えた時、デザイナーが自己主張をせずとも、そのプロセスの全てにおのずとそのデザイナーらしさは現れてしまう。それらを全て考え終え、最後に何か彩りを添えるとなった時、あってもなくても差し障りのない、紅葉の葉っぱ1枚程度が美しい。それが、「自己主張」の在り方なのだ、と教えられた。

これはある意味で、「なんのためにデザインの力を使うのか」という問いだ。本書でここに至るまでに、企業組織の中にデザインのトップであるCDO（Chief Design Officer）を据えるべき、という、デザイン経営宣言の言葉に触れて解説をしてきた。

このCDOが成すべきことが、いうなればデザインにおける「ディレクション」である。しかしこの、「ディレクション」という部分が大きく欠如したデザイナーがやはり少なくないために、ある種の戒めとして、加藤先生はこの話を聞かせてくれたのだろう。

なお、自我や我欲が邪魔をして、最終的に「在るべき姿」「目指すべき姿」が歪んでしまったデザインのプロジェクトというのは、大体見れば分かるものである。そうなってしまうと、そのデザインは〝寒い〟。なぜならば、本来は、届けるべき「誰か」のために生み出されるデザインが、内輪の、関係者のためのものになっていることがほとんどだからだ。「なんのためにデザインの力を使うのか」を無視したデザイナーの自我に偏ったアプトプットは、誰にも喜ばれない。

デザインにおけるこの自我・我欲を考える際、自分の考えにこだわりすぎてしまうデザイナーを時に見かける。社会に出たばかりの頃の自分自身もそうであったが、自分のデザイン案にこだわってしまうがために思考停止してしまうことは結構ある。
考えてみれば、当然のことだろう。長い時間頭をひねらせ、こうだったらどうだろうか、ああだったらどうだろうかと考えを巡らせてつかみ取ったデザイン案に愛着が湧くのは至極当然なのだが、一方で、デザイナーには自分のアイデアにこだわりすぎず、ときには捨て去る勇気を持ち、ほかにも切り口はないだろうかと別案を考えるフットワークの軽さも求められている。

これも、工業製品のデザインの世界ではよくいわれたことではあるが、デザイナーの描くスケッチというのは、別にいくらかの価格がついて売れるわけではない。60分の時間をもらったのならば、60分かけて1案を提案するよりも、60案提案できることのほうが、デザイナーとしては良い仕事をしていると評価される。そういった世界であることも、ぜひ忘れないでおきたい部分である。

鬼に金棒

加藤先生がよく口にしていた言葉に、「鬼に金棒」という言葉もあった。

いわずもがな、「強い鬼が金棒という強力な武器を手にすると百人力になること、ますますパワフルになること」を指すことわざだ。しかし、加藤先生が伝えようとしていたのは、「金棒が猛烈なスピードで力強く進化していくこの時代に、それを振り回す鬼は非力になってはいやしないだろうか」ということである。

私がデザイナーを志した当時、世の中は、マッキントッシュが広く浸透し始めた頃で、ころんとしたかわいいフォルムのカラフルなiMacが一世を風靡《ふうび》していた。あの頃、例えばグラフィックデザインの世界では、職人による匠の写植の技術とＤＴＰ、つまり、デスクトップパブリッシングと呼ばれる、モニター上でデザインのアウトプットを見ながら進める新しいデザインプロセスが混在していた時代だった。今でもグラフィックデザインの仕事は分業されていると感じるが、当時は、デザイナーの仕事の後工程となる印刷に関わる職業、それこそ写植屋さんや、写真を撮影するカメラマン、フィルムの現像作業を行う人など、今よりももっと分業化されていた。その後の時代がどうなったかは、皆さんご存じの通りで、完全になくなったとまではいわないが、デジタル化が進み、時代の流れとともになくなっていった職業は、デザイナーやその後工程であるＤＴＰオペレーターが担うようになった。なお、ＤＴＰというと、デザイナーの仕事というよりも、デザイナーの制作物を印刷に入れる際の作業を行うオペレーターのなりわいを指すことが多い。

そんな時代にデザインの世界を志した者にとって、パソコンはデザインの在り方を身近なものにし、デザインという行為に対するハードルは大きく下がった一方で、あれから20年以上がたった今、あの頃のデザイナーの持ち得ていた能力を持っているデザイナーは、極めて少なくなってしまったように感じられる。

グラフィックデザインにおいて、いわゆる「紙の時代」のデザイナーが持っていたその能力とは、「ずば抜けた想像力」だった。iMacが生まれる前のグラフィックデザインでは、刷り上がりの姿をイメージできる能力を持つのが、デザイナーという職業だったのだ。当時から、1つの制作物を仕上げるまでにはコピーライターやカメラマン、印刷に関するディレクションを担当するプリンティングディレクター、金属の文字を組む写植担当者など、さまざまな職種の人が関わっていた。その中で、デザイナーまたはアートディレクターが担っていた重要な役割こそが、その刷り上がりのイメージをプロジェクトメンバーに共有し、彼らの考えているイメージとすり合わせをしながら紙面構成をまとめていくことだった。デザインが0→1といわれるのは、これゆえだろうと私は考えている。

加藤先生のキャリアはカーデザイナーで、プロダクトデザインの授業を担当されていた。初めての授業は、手描きスケッチのデモンストレーション。加藤先生の周りに学生たちが集まり、その手元に視線が集まる中、先生はスラスラとスケッチを進めていった。加藤先生の目の前にあるのは、1枚の真っ白い紙と黒いコピック、ハイライトの光源の点を打つための修正液のみ。ものの数分で、車、カメラ、先生が持っていたコピックと、真っ白い紙の上に完璧な立体の工業製品が姿を現した。車は3分、コピックに至ってはほんの数秒で、みずみずしく、かつパンチ力を伴ったスケッチが目の前に現れた時には、言葉にならない感動を覚えていた。

これこそが「想像力」と、それを「可視化する能力」であった。当時、このデザイナーの職能のすごさに、ただただ憧れた。

テクノロジーが進化してゆくスピードは、コロンとかわいいフォルムのiMacが出た時代からさらに進み、そのスピードを一層増し、とどまるところを知らない。生成系ＡＩの誕生によって、多くの仕事が自動化されていくといわれる中で、「人の仕事」として残るものはなんであろうか。人工知能が知的労働をも代替するようになっていく中で、より「人間くさいこと」が残っていくのではないかと、私は考えている。すでに世の中に存在している複数の事象を組み合わせて新しいものを生み出す人工知能に対して、人間くささが残る部分があるとしたら、かつてのデザイナーが持ち合わせていた、目に見えない未来のビジョンを想像する力。そしてそれを形にしようという、人の持つ情熱が成し得る具現化の力ではないだろうか。ここで必要になってくるのは、前述した、デザインにおけるディレクションする力ではないか、と感じる。

そもそも、人工知能が生まれたのは人の仕事を奪うためではない。労働人口の大幅な減少が見込まれる中で、今存在しているものが消滅しないためだったはずだ。人と人工知能が共に働くようになる世界では、より人間らしさ、つまり、描く未来のビジョンに沿って、テクノロジーという金棒を必要に応じて扱えるかどうかが、今後問われていくのだろう。

その時、この金棒に振り回されず、正しく扱える人の側の能力はもちろん、人としての素養を高めることなくしては、扱うことができないと考える。

俳人の松尾芭蕉の言葉に、「不易流行」がある。「不易」とは変わらないものであり、「流行」とは変わるもの。いつまでも変わらない本質的なものの中に、新しく変化を重ねているものを取り入れていくこと、そして伝統を大切にしつつも時代に合わせて変化を受け入れていくことこそが不易の本質でもある、という意味だ。

世の中の技術革新は流行に分類されることであって、どんどん変わっていって良いことであるし、むしろ、変わっていかなければならないことだろう。一方で、どんなに時代が流れても、失ってはいけないこととはなんだろうかと考えた時、技術という「金棒」を正しく扱う力と人としての素養の高さ、デザイナーの能力の文脈から言い換えるならば、まだ誰も見ない未来を想像できる力と、それを実現できる力ではないかと、私は思う。そして、その想い描いたビジョンを、誰も不幸にすることなく世の中に生み出す、人の幸せを願う優しさや心遣いを養うことが、必要なのだ。

このことは、デザイン教育の中でデザイナーがデッサンを通じて養うものが観察眼と審美眼であるということ、そして、デザインはそもそも意匠なのだということにも通じている。まだ誰も見たことがない未来を想像する力は観察眼が担い、それを実現する力を得ることは、意図したことを匠の力で具現化／可視化するという意匠の匠の部分が担って意匠に言い換えられる。誰をも不幸にせずに世の中にそれを産み出す際に、人の幸せを願おうとするのは、これが世の中に出てもいいのだろうかと問う、審美眼が担う。

そして、私がデザイン経営の分野を専門としている理由もまさにこの「不易流行」に当てはまる。デザインの力が使われるそのフィールドがどんどん広くなっていくのは流行の部分であり、どんどん広くなっていって良いのだと思うし、広がっていかなければデザイン業界に発展はないと思っている。一方で、変えてしまってはいけない不易の部分が存在する。どんな時代も、デザイナーは人の幸せを願ってその力を発揮してほしいと願う。

憶せず気負わず

もう1つ、加藤先生が伝えてくれた言葉に「憶せず気負わず」がある。加藤先生は居合道の無外流の剣士で、剣道、柔道、茶道、華道はじめ、「道」がつく稽古ごとの中にはその神髄となる言葉があって、さまざまな示唆をくれると言っていた。この「憶せず気負わず」という言葉も、居合道の教えの1つだそうだ。

この、「憶せず気負わず」の教えは、何か物事を成そうとする際に、臆病になってしまっては、いつもの力を発揮することはできない。かといって逆に気負いすぎてしまっても、肩に余計な力が入ってしまい、これも、いつもの力を発揮することができない。憶せずに気負わずに、あくまでもニュートラルな心持ちでものごとに取り組むことの大切さを伝えている。

なお、通常は「臆する」と書き、肉月の漢字を使うはずなのだが、なぜ立心偏の「憶する」なのか。この理由については先生に聞くことができなかったが、勝手な想像ながら、何か物事に対して臆病になることは、この肉体が臆病になるよりも先に、心が感じ取ることだからではないかと考えていた。

かつて、宮本武蔵が『五輪書』に、百戦錬磨のコツは「うかうむかうのこと（有構無構）」と書いてあると、加藤先生が教えてくれた。つまり、構えに型があると剣先を読まれてしまうので、構えることと構えないこと、これを瞬間で切り替えることが百戦錬磨のコツである、と宮本武蔵は解いたという。私はこの「有構無構」とともに、「憶せず気負わず」という言葉を教わった。

この概念はデザインに似ていると、加藤先生とよく話した。世の中に、プラスとマイナス、2つの方向の概念があるとしたら、デザイナーが狙うのはそのプラスマイナスゼロの地点。デザイナーの感性の振り子を思いっきり振り切った先で世界を理解した上で、このプラスマイナスゼロの地点を狙うことが大切だ、と先生は言っていた。

なぜならば、表現する側である自分たちが良かれと思って成したことが、知らず知らずのうちに世の中の誰かのことを傷つけてはいないだろうかという観点・配慮が必要になるからだ。自分たちが信じる世界はこうするとより良い未来になると、ポジティブな思考の側に振り子を振ったならば、その反対側であるネガティブ側にも振り子を振ってみて、その振り幅を知ったうえで、「ここが最適である」と指し示すことができる力がデザイン力だと考えている。もちろん、着地点がプラスマイナスゼロではない場合もあるが、大きく振った振り子の振り幅から、最適を指し示すことが大切であると考える。

少し話を戻すが、「憶せず気負わず」という言葉が、若い頃と今の、クライアントへの向き合い方の変化につながっているとも感じる。

この言葉を美大生の時分に知り、耳ダコになるほどたくさん聞いてきたにもかかわらず、自分自身はこの「憶せず気負わず」を体現することができず、若かりし頃はずいぶんと苦労した。

就職氷河期の時代に社会に出たこともあってか、正社員として勤めた会社を含め、新人研修がまともに準備されていたことはなかった。会社の上司や先輩含め、「社会に先に出た人たちはみんな自分よりも社会人として先輩」として意識して、失礼がないようにと振る舞ったつもりだったが、ビジネスマナーを身に付けようにも研修などはなく、見よう見まねで身に付けていく中で失礼なことをしてしまったのも1度や2度ではない。結果的に自分のメンタルを追い込んでしまったが、「憶せず気負わず」、肩の力を抜き、深呼吸をして世の中を見ることができていたならば、きっと違う世界が広がっていたことだろう。先輩だろうと失礼な人はたくさんいるし、逆に年齢やポジションにかかわらず、誰に対しても分け隔てなく接する人の出来たリーダーたちもいた。

しかし、現実にはそう割り切って考えることができず、人とのコミュニケーションで気を遣いすぎることにすっかり疲れてしまった20代があった。フリーランスデザイナーとして独立して以降は、相手が誰であっても、私は私のまま、素で接することを決めた。すると、以前よりもむしろ、相手に対して気を遣いやすくなり、ナチュラルに相手をおもんぱかることができるようになった気がする。

自分が働くことでもらうお金は、なんの対価であろうか？　と考える。企業、組織の経営をしている人たちの相談に乗り、アドバイスを求められた時、フリーランスデザイナーにできることは何で、どんなものを提供できればその対価をもらう価値があるのか？　と。そのために、しんと静まりかえった会議においても、おかしいと感じることがあれば声を上げ、「おかしいのではないですか？」と問う。組織の内部の人間ではない私自身がブランディングを考える場面に立ち、観察眼と審美眼をもって察知している違和感を、経営判断をする人たちに伝える。そして、どうやってそれを解決していくのかを一緒に考える。それが私の仕事だ。

この時、「相手のステータスを測る」という色眼鏡をもって見れば、問題の本質が見えなくなってしまう。私の発言で組織の判断が変わる可能性だってあるということを考えながら、憶することなく、気負うことなく、ニュートラルな心持ちで相手に対して発言する。結果として、短いご縁になる方々ももちろんいないこともないが、私が独立してから10年が過ぎた中で、長くお付き合いくださるクライアントの皆さんがいることも、また事実だ。

この本を読む、若きデザイナーへ。

これからあなたが進もうとする未来で感じるのは、もしかしたら、まだ誰も体験したことのない緊張感だったりするかもしれない。そんな時、この「憶せず気負わず」という言葉は、気負うことで力が入りすぎていた肩の力を抜いてくれる言葉となるとともに、未知なる未来に恐怖心を抱いてしまう際に、肝を据える言葉になってくれると思う。

あとがき

デザイナーとして独立し、usadesignという屋号で活動する中で、私は〝志なるもの〟を意識してきた。それは、亡き恩師、加藤雄章先生が常々、「次代のデザイナーを育てたい」と口にしていたことに刺激を受けたからであった。フリーランスデザイナーとして活動する傍ら、自分自身が専門学校や大学の場でデザイナー教育に関わる非常勤講師の仕事をするようになったが、非常勤講師として伝えられる限界のようなものを感じはじめた頃からは、その志を「デザインにおける大学の専任教員となり、後進の教育に尽力すること」と、はっきり定めた。

経営大学院を卒業した後、とても大切な出会いがあった。ニューヨークに拠点を置くデザインスタジオ、HI(NY)designの小山田育さんと渡邊デルーカ瞳さんとの出会いだ。2章でもご紹介した、私を含め経営大学院の同期4人で立ち上げた一般社団法人ＲＡＣの銀行口座に、ある日突然、お金が振り込まれていた。その振り込みがHI(NY)のおふたりからであった。どなただろうと、おふたりについて調べたところ、米国のコカ・コーラ社をクライアントに、アートディレクションの仕事をされているという。世界ブランド価値ランキングが始まってからの12年間、不動の1位を獲得し続けた、あのコカ・コーラ社である。デザイン業界の末席にいる身分の自分であっても、世界トップクラスのハイブランドであることは知っていて、そのアートディレクターたちからの突然の寄付に、緊張したのを覚えている。

後日、世でベストセラーとなったおふたりの著書『ニューヨークのアートディレクターがいま、日本のビジネスリーダーに伝えたいこと』(2019年)の出版記念イベントが青山ブックセンターで開催されると知り、RAC代表理事の彩さんとともに参加した。そこで直接お話しをさせていただいたところ、同書出版のお祝い金として集まったお金を全額、RACに寄付してくださったことをうかがった。数ある組織の中で、なぜRACを選んでくださったのかと育さんに聞いてみたところ、「RACのウェブサイトを、隅から隅まで拝見させていただきました。日本でのブランディングは一貫したビジュアル表現のことを指しますが、アメリカにおけるブランディングはデザイン経営戦略のことを指します。そういった意味で、日本には本来のブランディングができているケースはほとんどないのですが、ＲＡＣはそれができていると判断しました。グッジョブだと思いました！」という、嬉しい言葉をいただいた。私たちから特別なアクションをしたわけではないにもかかわらず、世界に星の数ほどある企業ウェブサイトの中から私たちを見つけてコンタクトを取ってくださったことに、深く感動したことを覚えている。

この出会いは私にとって、自身の志を改めて見つめる機会になった。自分の志は「デザインにおける大学の専任教員となり、後進の教育に尽力すること」に変わりはない。しかし、自分が声をかけられる後進デザイナーの数には限りがある。大学の専任講師になれば関わることができる人数は増えるし費やせる時間も増えるが、それとて限界がある。この「関わる人数」というリミッターを外すことはできないのだろうか、と思案した。

私は、世界の頂点に存在するハイブランドの案件を担当しながらも、ＲＡＣのような小さなソーシャルビジネスのスタートアップ団体を見つけて声をかけて下さり、フラットな立ち位置で話しかけてくださる育さんたちの姿に心が洗われる思いがした。

「人は人で磨かれる」とは、亡き恩師、加藤先生の言葉であるが、その意味を体感する思いだった。

だからこそ、そんな育さんたちの姿を見て、できるかどうかはさておき、自分の志をさらに高く定めようと決めた。現在の自分の志は、「デザインと経営学とを組みあわせた領域において、前人未踏をいくロールモデルになる」である。後進のデザイナーに対して私ができることは、常にチャレンジし続ける姿を示すことなのだと考えている。


デザインとは、関わる人が幸せになってほしいという願いをそのアウトプットに込めることができる術なのだと思う。加藤先生の言葉をお借りすれば、「デザインは世直し」である。それを私は今でも信じて疑わない。

一方で、デザイン業界の元気がなくなっていっているように感じることもある。専門学校や大学の教え子たちが社会に出ては壁にぶつかって悩み、卒業後に相談にくる。ぶつかっている壁はもはやデザインのことだけではなく、金型投資の回収の考え方の相談であったり、販売戦略の相談であったり、職務の頑張りを正当に評価してもらえない相談など、経営に関わることが多い。これを助けるためには、先生である私が経営のことを理解して伝えなければ、教え子である彼ら／彼女らが不幸になると感じた。このために、私は経営大学院の門を叩き、経営学修士の学位（ＭＢＡ）を取得した。そうしてごく自然に、どうしたらデザインの可能性を経営の世界へ実装することができるだろうかと考え、追求するようになっていた。

本書は、注目を集めたものの、なかなかデザイン経営に苦戦する経営者、デザイナーの皆さんにその本質を伝えたいと思い、書き綴った。

デザイン経営に取り組んだことで、経営側が資産価値向上を期待するようになった、というニュースを耳にする一方で、結果が出せず、ブランディングの間違った戦略、打ち手が、企業の経営を傾かせてしまう根本的原因になってしまった事例も、複数、目にするようになった。「関わる人が幸せになってほしい」という願いが込められたはずのデザインが、その役割を果たせなかったということだ。

改めて書きたい。デザインとは、関わる人が幸せになってほしいという願いをそのアウトプットに込めることができる術である。皆さんが本書を手に取ってくださったことで、デザインが本来の役割を果たし、世の中にひとつでも、誰をも傷つけることのない幸せが増えていったらと願いたい。

そしてここに至るまでに、私自身は、美大の入学資金を貯めた3年間のフリーター時代から、実に多くの方々のお力添えがあって社会に育てられ、この本を書き上げることができた。この場を借りて感謝申し上げたい。また、この本の執筆にあたっては、本を書きたいと願ってから5年間の時間が過ぎてしまったが、4年目にして出会い、インサイトブーストの可能性にスポットを当ててくださったハガツサブックスの千吉良美樹編集長と、制作スタッフみなさまの心強いご尽力があった。心から感謝申し上げたい。

最後に、常にチャレンジを続ける姿を示すと決めた私を、一番近くで支えてくれる家族に「ありがとう」と伝えることで、本書のあとがきに替えさせていただきたい。

２０２４年1月吉日　下總良則

参考文献

〈序章〉

- AXIS：Axis web magazine
  https://www.axismag.jp/posts/2020/05/199676.html

〈1章〉

- 特許庁 :「デザイン経営」宣言
  https://www.jpo.go.jp/resources/shingikai/kenkyukai/kyousou-design/document/index/01houkokusho.pdf
- 経済産業省：高度デザイン人材育成ガイドライン
  https://www.meti.go.jp/shingikai/economy/kodo_design/pdf/20190329_02.pdf
- JIDA「プロダクトデザイン」編集委員会:プロダクトデザイン 商品開発に関わるすべての人へ, 2009
- 高井 晉：ポスト戦後の国際秩序のリーダーシップを巡る二極対立 ―宇宙の「開発事始め」―
  https://www.jaxa.jp/library/space_law/chapter_1/explanation_j.html
- 青砥 吉隆：信念とヴィジョンの証 ―ケネディ大統領による二つの「月」演説の分析
  https://subsites.icu.ac.jp/org/sscc/pdf/aoto_46.pdf
- Design Management Institute：“What business needs now is design. What design needs now is making it about business.”
  https://www.dmi.org/page/DesignValue/The-Value-of-Design-.htm
- British Design Council：“Design Delivers for Business Report 2012”
  https://www.idi-design.ie/content/files/DesignDelivers_for_Business_briefing.pdf
- クレイトン・クリステンセン：イノベーションのジレンマ，2001
- 経済産業省：IV デザイン関係統計資料
  https://www.meti.go.jp/policy/mono_info_service/mono/human-design/file/2016handbook/04_toukei.pdf
- Authors：Christian Pinson (INSEAD); Vikas Tibrewala (INSEAD); Francesca Gee (INSEAD), Published by: INSEAD : “United Colors of Benetton”
  Originally published in: 1996 Version: 07.2016 Revision date: 20-Sep-2016
  https://publishing.insead.edu/case/united-colors-benetton
- 電通 サトナオ・オープン・ラボ：SIPS モデル
  https://www.dentsu.co.jp/news/release/pdf-cms/2011009-0131.pdf
- Authors：Michael Y. Yoshino; Yukihiko Endo; “Transformation ofMatsushita Electric Industrial Co., Ltd. 2005” および、
  ハーバード・ビジネス・スクール：ケース・スタディ 日本企業事例集「松下電器産業：危機と変革」，2010

・三菱 UFJ 信託銀行：昔の「1 円」は今のいくら？ 明治・大正・昭和・現在、貨幣価値（お金の価値）の推移
https://magazine.tr.mufg.jp/90326

・小山田育、渡邊デルーカ瞳：ニューヨークのアートディレクターがいま、日本のビジネスリーダーに伝えたいこと，2019

・ジム・コリンズ：ビジョナリー・カンパニー 2 - 飛躍の法則，2001

・グロービス経営大学院：グロービス MBA マーケティング 改訂 4 版，2019

・インターブランド社：coca-cola 社ブランド価値ランキング
https://interbrand.com/best-global-brands/coca-cola/

・インターブランド社：apple 社ブランド価値ランキング
https://interbrand.com/best-global-brands/apple/

〈2 章〉

・草野 紀親：デザイン思考（デザインシンキング）で急成長したサービスの秘密
https://www.design-management.net/archives8-198.html

・佐宗 邦威：直感と論理をつなぐ思考法 VISION DRIVEN，2019

・ジェラルド・ザルトマン：心脳マーケティング　顧客の無意識を解き明かす，2005

・グロービス経営大学院：MBA 用語集「欲求 5 段階説」
https://mba.globis.ac.jp/about_mba/glossary/detail-12504.html

・石井力重：すごいブレスト，2020

・NHK：チコちゃんに叱られる！，2020.3.27

・クリスチャン・マスビアウ：センスメイキング 本当に重要なものを見極める力，2018

・野崎亙：自分が欲しいものだけ創る！ スープストックトーキョーを生んだ『直感と共感』のスマイルズ流マーケティング，2019

〈3 章〉

・株式会社三菱総合研究所 経営コンサルティング事業本部：2016 年 経済産業省 第 4 次産業革命におけるデザイン等のクリエイティブの重要性及び具体的な施策検討に係る調査研究，2017
https://www.meti.go.jp/policy/mono_info_service/mono/creative/downloadfiles/fy28/fy28_l4_creative_design.pdf

・山口周：ニュータイプの時代，2019

・西岡常一：木のいのち木のこころ，1993

・佐藤卓：塑する思考，2017

※ウェブサイトの参照日は、全て 2024 年 1 月 22 日

私は、皆さんとともに、
デザインの可能性を経営の世界に
実装させたいと考え、この本を書きました。
本書が「役立った」「共感した」「仲間たちにも
教えてあげたい」と感じていただけるものでしたら、
「#インサイトブースト」をつけて X、Instagram
などに投稿していていただけると嬉しいです。
必ず読ませていただき、
返信、リプライいたします！

X @usa_dezaken
Instagram @usa_dezaken

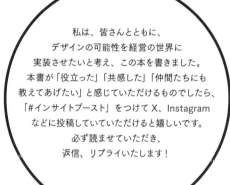

下總良則　Shimousa Yoshinori

東北工業大学 准教授（デザイン経営分野）
usadesign 代表
一般社団法人 デザイン経営研究所 代表理事
一般社団法人 RAC 理事

多摩美術大学を卒業後、プラス株式会社にて商品企画担当者・プロダクトデザイナーとして従事。その後、株式会社ホットファッジにてグラフィックデザイナーの経験を経て、usadesignとして独立。フリーランスデザイナーとして、世界シェア第3位の広告代理店ピュブリシス傘下ビーコンコミュニケーションズ株式会社や、介護福祉業界のネクストユニコーンであった株式会社ウェルモをはじめとするスタートアップ企業にジョイン。デザイナーとして活動もしながら、一般社団法人 RAC の理事として経営メンバーに参画するなど、「デザインと経営学」をテーマに活動を広げる。グロービス経営大学院卒 MBA 取得。vand international design award 2024（UK, FRA）審査員。

〈受賞歴〉

- ニューヨークで長い伝統を持つグラフィックデザインの国際コンペ「Graphis Design Award 2023」にて金賞を受賞。ロゴ部門単独では世界第2位、日本からのエントリーの中では第1位。

- 教育学術新聞企画、日本高等教育開発協会が審査した「コロナ禍での ICT を活用した新しい授業公募」にて、唯一の審査会全会一致事例として最優秀事例に採択。日本の私立大学の中で第 1 位。

- 日本広告制作協会主催「学生広告クリエイティブアワード 2023」の ANA グラフィック部門にて、指導担当学生がグランプリ受賞、日本全国より 735 点あったエントリーの中で第 1 位。

ほか、団体として受賞した「第 2 回 日経ソーシャルビジネスコンテスト 優秀賞」や「社会起業塾イニシアティブにおける花王社会起業塾への採択」をはじめ、受賞多数。

インサイトブースト

経営戦略の効果を底上げするブランドデザインの基本

2024年2月9日　第1刷発行

著　　者　下總良則

デザイン　坂井恵了
イラスト　米村知倫
校　　閲　須賀原みち

発 行 人　千吉良美樹
発 行 所　株式会社ハガツサ
〒154-0004
東京都世田谷区太子堂4-23-13-2F
TEL：03-6313-7795　FAX：050-3488-7932
https://hagazussabooks.com

印刷・製本　モリモト印刷

ISBN978-4-910034-19-5 C0034